MEDITACION, CHAKRAS Y ESPIRITUALIDAD

Meditación y Chakras para cambiar tu vida

MARIA PALAZZI

Maria Palazzi Publishing

ÍNDICE

Un poquito sobre mi   v
Algo a tener en cuenta   vii
Primero: Aprende a Meditar   ix
Introducción   xi

1. Capitulo 1   1
   ¿Qué es realmente el Mindfulness y porque es tan importante?
2. Capitulo 2   5
   La mejor manera de fortalecer tu sistema inmunitario
3. Capitulo 3   8
   El secreto de como alcanzar la estabilidad emocional
4. Capitulo 4   12
   Controla tus emociones y ayúdate a ti misma en momentos de ira
5. Capitulo 5   15
   ¿Cómo fortalecer las relaciones personales?
6. Capitulo 6   19
   Gana autoconocimiento y comprensión haciendo esto
7. Capitulo 7   23
   Aumenta la concentración general y sé más productiva
8. Capitulo 8   27
   Alcanza tus metas de pérdida de peso (si eso es lo que quieres)
9. Capitulo 9   31
   El dormir y el soñar
10. Capitulo 10   35
    Ten siempre a mano estos consejos y trucos para avanzar mas rápido

    SEGUNDO : Experimentando EL Chakras   39
11. Capitulo 11   40
    El chakras y porque es tan importante en tu vida
12. Capitulo 12   43
    Los puntos de Chakras y a lo que realmente afectan
13. Capitulo 13   49
    Beneficios adicionales del equilibrio y la meditación
14. Capitulo 14   52
    Por qué el Chakra es importante para tu salud física
15. Capitulo 15   56
    ¿Cómo comenzar la meditación básica del Chakras?

16. Capitulo 16   60
Estas son las diferentes formas de equilibrar tu chakra
17. Capitulo 17   64
¿Como puede el chakras ayudarme con mi salud mental y emocional?
18. Capitulo 18   68
Mis técnicas de meditación con chakras
19. Capitulo 19   72
Consejos infalibles para el un mejor equilibrio y meditación

Agradecimientos   77

UN POQUITO SOBRE MI

¿Te preguntaras porque deberías de escucharme?

Mi nombre es **MARIA PALAZZI**, soy experta en salud, nutrición y bienestar, de hecho no es algo que estudie solo porque me gustara, sino por vocación, disfruto de ayudar a las personas a cumplir sus objetivos y mejorar sus vidas a través del entendimiento del cuerpo, la mente, las dietas y el ejercicio; en mi opinión estos son los pilares fundamentales de un estilo de vida saludable, y como habrás escuchado muchas veces "mente sana, cuerpo sano". El cuerpo es nuestro templo y debemos de cuidarlo para que nuestra mente de todo su potencial, es por esto que la meditación es perfecta para esos objetivos.

En cada libro que escribo, quito un "trozo" de mis conocimientos y mi experiencia, con el objetivo principal de ayudarte con tus objetivos.

Copyright 2021 por Maria Palazzi - Todos los derechos reservados.

Este documento está dirigido a brindar información exacta y fiable sobre el tema y tema. La publicación se vende con la idea de que el editor no está obligada a rendir cuentas, oficialmente autorizados, o de lo contrario, los servicios del personal calificado. Si es necesario, asesoramiento legal o profesional, una práctica individual en la profesión debe ser ordenado.

- A partir de una declaración de principios que fue aceptada y aprobada igualmente por un Comité de la American Bar Association y un Comité de Editores y asociaciones.

De ninguna manera es legal para reproducir, duplicar o transmitir cualquier parte de este documento en medios electrónicos o en formato impreso. Grabación de esta publicación está estrictamente prohibido y cualquier almacenamiento de este documento no está permitida a menos que cuente con el permiso por escrito del editor. Todos los derechos reservados.

La información proporcionada aquí se dice sea veraz y coherente, en el que cualquier responsabilidad, en términos de falta de atención o de otra forma, por cualquier uso o abuso de las políticas, procesos o instrucciones que contienen es la solitaria y de absoluta responsabilidad del lector destinatario. Bajo ninguna circunstancia de cualquier responsabilidad jurídica o la culpa se celebrará contra el editor para cualquier reparación, daños, perjuicios o pérdidas monetarias debido a la información contenida en ella, ya sea directa o indirectamente.

Respectivo autor posee todos los derechos de autor no mantenidos por el editor.

La información que aquí se ofrece con fines informativos exclusivamente, y es tan universal. La presentación de la información es sin contrato o cualquier tipo de garantía de fiabilidad.

Las marcas comerciales que se utilizan son sin consentimiento, y la publicación de la marca es sin permiso o respaldo por parte del dueño de la marca registrada. Todas las marcas comerciales y las marcas mencionadas en este libro son sólo para precisar los objetivos y son propiedad de los propios dueños, no afiliado con este documento.

ALGO A TENER EN CUENTA

Advertencia

Tenga en cuenta que la información contenida en este documento es sólo para fines educativos y de entretenimiento. Se ha hecho todo lo posible para proporcionar información completa fiable y actualizada. No se expresan ni implican garantías de ningún tipo. Los lectores reconocen que el autor no se dedica a la prestación de asesoramiento legal, financiero, médico o profesional.
Al leer este documento, el lector acepta que bajo ninguna circunstancia somos responsables de las pérdidas, directas o indirectas, que se incurran como resultado del uso de la información contenida en este libro, incluyendo, pero no limitado a errores, omisiones o circunstancias.

PRIMERO: APRENDE A MEDITAR

Aprende a Meditar

Aprenderás a meditar desde cero, en tu casa. Mindfulness

INTRODUCCIÓN

Primero antes que nada me gustaría darte las gracias por la confianza y por haberme elegido para emprender este viaje hacia el mundo de la Meditación y el Mindfulness Este libro te ayudara a que domines este mundo y logres obtener una salud excelente a través de lograr una vida saludable.

Estamos conscientes que incursionarse hacia el mundo de la meditación y la espiritualidad puede ser tedioso y muy lento, ya hemos probado de todo desde contar los gramos, las calorías, dejar de comer las comidas que tanto te gustan y por supuesto, empezar las rutinas de ejercicios en el gimnasio. Es por esto que al no ver resultados re puedes sentir muy desmotivado y menos si no se dan en el tiempo que estableciste la meta para lograrlo.

La meditation es uno de los métodos mas efectivos para poder liberar tu mente y cuerpo y poder lograr una armonía en general con el ambiente que te rodea.

Una de las cosas que mas me llamo la atención cuando comencé a utilizar la Meditación fue que me permitía seguir con mi rutina diaria y mi trabajo sin interferir, ya que realizaba sesiones de 30 minutos a una hora dependiendo del tiempo disponible.

En este libro te enseñare los diferentes abordajes hacia la medita-

INTRODUCCIÓN

ción y el mindfulness, porque funciona, cual es el secreto detrás y también vamos a derribar algunos mitos relacionados con esta disciplina.

El objetivo de este libro es enseñarte a tener un estilo de vida mas saludable a medida que vas librando del estrés y el nerviosismo, sin tener que realizar muchos sacrificios en tu estilo de vida actual, que todos sabemos que entre el trabajo y los demás quehaceres no nos queda mucho tiempo para dedicarnos a nosotros mismos.

También me he tomado el tiempo de desarrollar tenias de meditación que describiré en este libro y que he puesto en practica personalmente.

Mi objetivo, también, no es solo educarte sino motivarte también, a dar ese paso que tanto te cuesta y tomar acción, es por esto que quiero pedirte una cosa, no te rindas a lo largo de este libro, sigue al pie de la letra mis instrucciones, prueba este método de mindfulness, te prometo que al terminar este libro y aplicar paso por paso mis consejos y enseñanzas vas a lograr una vida saludable, un estilo de vida positivo basado en la felicidad y una armonía en tu cuerpo que es lo que siempre quisiste.

Sin más preámbulos, ¡vamos a comenzar!

Muchas gracias por adquirir este libro, espero que lo disfrutes así como yo disfrute escribiéndolo.

Todos los derechos reservados. Sin limitar los derechos bajo copyright reservados anteriormente, ninguna parte de esta publicación puede ser reproducida, almacenada o introducida en un sistema de recuperación, o transmitida de ninguna forma, ni por ningún medio (ya sea electrónico, mecánico, por fotocopia, grabación o de otra manera) sin el permiso previo por escrito del propietario del copyright.

El autor reconoce la condición de marca y los titulares de marcas de diversos productos a los que se hacen referencia en esta obra de ficción, que se han utilizado sin permiso.

La publicación/ El uso de estas marcas no está autorizado, asociados o patrocinado por los propietarios de la marca registrada.

CAPITULO 1
¿QUÉ ES REALMENTE EL MINDFULNESS Y PORQUE ES TAN IMPORTANTE?

La atención plena es en realidad una forma de pensar que le permite estar constantemente consciente de lo que está haciendo, pero cuando las personas comúnmente se refieren a la atención plena, por lo general se refieren a técnicas de mediación que lo ayudan a vivir el momento. La mediación de atención plena es una combinación de técnicas que ayuda a mejorar su salud general mental, emocional, física e incluso espiritual. Te ayuda a conectarte a ti mismo, a comprenderte a ti mismo y a equilibrar la energía negativa en tu vida.

¿Por qué deberías vivir pensando en la atención plena?

Muchas personas pasan por la vida sin entender lo que están haciendo o incluso por qué lo están haciendo. Es importante que entiendas esta técnica de estilo de vida para que puedas vivir en el presente. La mayoría de las personas vive toda su vida enfocada en el futuro o obsesionada con el pasado. Muchas personas nunca viven en el presente, lo que reduce su disfrute en la vida. Es más fácil disfrutar cada momento, incluso las pequeñas cosas que suceden en ese momento para contribuir a tu felicidad, si estás constantemente atento.

¿Cuáles son algunos de los beneficios de vivir así?

Hay muchos beneficios para la atención plena y la práctica de las técnicas que lo acompañan, que aprenderá en este libro. Uno de los principales beneficios es que puede ayudarlo a alcanzar un estado de ser más estable. Si eres más estable, es más probable que estés tranquilo. Mantenerse tranquilo le ayudará a procesar todo lo que sucede a su alrededor en el mundo físico, así como también lo que está sucediendo en su propia cabeza.

Esto conducirá a obtener autoconocimiento, aumentar su sistema inmunológico, alcanzar estabilidad emocional y mucho más. Desde dormir hasta comenzar su día, hay una técnica que puede ayudarlo. Desde la atención de las emociones hasta la atención de la sensación física, estas técnicas solo toman unos minutos, y los beneficios superan con creces el tiempo que pierdes.

¿Cuál es la mejor técnica de atención plena para empezar?

La mejor técnica para dominar primero es la atención plena de la respiración, y eso se debe a que es la mejor manera de equilibrarse con este método de meditación de manera rápida y efectiva. Por supuesto, también es la técnica que se va a utilizar en todas las demás técnicas. La mayoría de estas técnicas comienzan con la atención consciente de la respiración porque es su técnica de ir a centrarse en sí mismo y bloquear el mundo exterior.

PARA PRACTICAR LA ATENCIÓN PLENA DE LA RESPIRACIÓN, DEBES comenzar por sentarte en un lugar donde no te distraigan. Luego, asegúrate de estar cómodo y cierra los ojos. Por lo general, es mejor si la habitación está oscura. Tu respiración será tu objeto de concentración, así que comienza inhalando lentamente por la nariz.

Con la atención consciente de la respiración, no seguirá el camino de su respiración hasta llegar a sus pulmones, sino que se asegurará de que se concentre en lo que se siente al respirar por la nariz. Concéntrate en cómo se siente en tus fosas nasales, cómo se siente tu pecho para expandirse sin seguir la respiración. Luego, tome nota de cómo se siente esa respiración al dejar su cuerpo a través de su boca.

Vas a querer enfocarte solo en tu respiración, y algunas personas pueden hacer esto contando si están teniendo problemas. Por lo general, se recomienda que cuente su respiración en cada exhalación, cuente todo el tiempo hasta diez y luego vuelva a bajar hasta que llegue a una. Esto notará el final de su atención del ejercicio de respiración, y podrá abrir los ojos. Algunas personas mantienen los ojos cerrados por un momento más, saboreando lo relajado que se siente tu cuerpo.

¿Qué tiene esto que ver con tu estado de ser?

Durante la atención consciente de la respiración, es más probable que suelte el estrés y la tensión, por lo que es útil para casi todos los beneficios que está tratando de obtener de estos métodos y prácticas de meditación. El estrés te afecta negativamente en lo espiritual, emocional, físico e incluso mental. Necesita todos estos aspectos de usted mismo para estar en orden si quiere ser lo mejor posible, y muchos de sus objetivos y la estabilidad que busca están a su alcance.

Todo lo que tienes que hacer es practicar una de estas técnicas al menos una vez al día. Mucha gente practicará más de una vez al día, pero depende completamente de usted. Es posible que desee practicar una técnica más de una vez al día si está tratando de obtener múltiples beneficios de ella o si está tratando de resolver un problema que pueda tener, como la ira.

¿La atención plena es algo natural?

Para algunas personas, estas técnicas son tan naturales como respirar después de la primera sesión. Sin embargo, encontrará que para la mayoría de las personas el acto de ser consciente y usar estas técnicas es algo que se logra a través de la disciplina, la práctica y el tiempo. No es algo que te resulte natural de inmediato, pero cuanto más practiques, más fácil será. Al principio será difícil mantenerse enfocado, y es por eso que es importante aprender consejos y trucos a lo largo del camino. Domina la atención consciente de la respiración antes de seguir adelante, ya que te ayudará a pasar a otras técnicas que pueden ser más difíciles o requerir más concentración.

¿LA ATENCIÓN PLENA MEJORA TU VIDA DE INMEDIATO?

Usted se estará preguntando si estas técnicas cambiarán drásticamente su vida de inmediato, y la respuesta es no. Notarás una diferencia en tu forma de pensar y, naturalmente, cambiarás con el tiempo para convertirte en una persona más positiva. Lo mucho que este proceso cambia tu vida y qué tan rápido depende de para qué estás tratando de usarlo y con qué frecuencia estás practicando alguna de estas técnicas.

Si practica a lo largo del día, al menos una vez al día, es más probable que note los resultados rápidamente, y es más probable que observe un cambio en su estado mental general y en sus niveles de energía. Por supuesto, si usa más de una de estas técnicas, también notará un cambio mayor porque está enfocando todo su estilo de vida en lugar de solo áreas pequeñas.

CAPITULO 2
LA MEJOR MANERA DE FORTALECER TU SISTEMA INMUNITARIO

Ahora que sabes lo que es realmente esta técnica de meditación, probablemente te estés preguntando cómo la atención plena puede ayudarte. En realidad, puede ayudar a su salud física, y esto se debe a que la atención plena realmente puede ayudar a su sistema inmunológico. Si tiene un sistema inmune malo, es importante que agregue atención plena y todo lo que tiene que ofrecer a su régimen diario. Por supuesto, es útil incluso si tienes un sistema inmunológico decente para empezar también.

¿De qué manera la atención plena ayuda con su sistema inmune?

Como aprenderá, estas técnicas son una forma de meditación que lo ayudará a reducir su estrés y, a su vez, esto asegurará que su sistema inmunitario esté listo y rugiente para funcionar. No importa qué técnica particular vas a utilizar. Lo que importa es que uses uno, y hacerlo regularmente es lo que te ayudará a cosechar el beneficio de esta forma de meditación.

¿Hay alguna otra razón por la cual la atención plena ayuda a tu sistema inmunológico?

Sí, hay otra razón por la cual se cree que esta práctica ayuda a tu sistema inmunológico, y eso se debe a que cuando vuelves tu mente hacia adentro te vuelves más en sintonía con tu cuerpo mental y físicamente. Esto le permite a su mente estar más consciente de cualquier enfermedad que pueda estar afectando, incluso a nivel subconsciente.

Muchas personas creen que esta es una de las razones por las cuales el sistema inmunitario puede mejorar, lo que nos ayuda a combatir cualquier enfermedad que se presente. Es más probable que notes pequeños síntomas de enfermedad cuando estás practicando meditación consciente porque notarás a tu cuerpo como un todo. Podrá saber si siente dolor leve en la garganta, si le duelen los músculos, si se siente más caliente de lo normal y así sucesivamente.

También se sabe que su estado mental afecta su sistema inmunológico. Si eres más positivo, tu sistema inmune es más alto porque hay menos presión hacia abajo. Si está experimentando un trauma emocional, incluso inconscientemente, reducirá su sistema inmunológico porque los efectos de la ansiedad se hundirán, lo que también puede llevar a la depresión.

La meditación de la atención plena, al igual que la meditación en su conjunto, se sabe que ayuda a producir más anticuerpos y estimular las regiones del sistema inmune del cerebro. Esto ayuda a estimular tu sistema inmune como un todo. Sin embargo, los efectos no son inmediatos, y a veces un efecto notable tomará hasta ocho semanas.

¿Cuáles son los beneficios de un sistema inmunológico elevado?

Si tienes un sistema inmunológico elevado, mantendrás bajos tus niveles de estrés y, en primer lugar, están bajos para ayudar a tu sistema inmunológico. Esto significa que es más probable que seas una persona más positiva. También es más probable que sea capaz de manejar las desilusiones que le llegan sin caer en la depresión o experimentar demasiada ansiedad sobre pequeños problemas. Con un sistema inmunológico elevado, uno de los beneficios más obvios y beneficiosos es que no es probable que se enferme.

Esto es útil durante todo el año, pero también encontrará que es extremadamente útil durante la gripe y la temporada de frío. Si se enferma, es más probable que caiga en una rutina, sienta depresión, falle en el trabajo, carezca de concentración, y se sienta agotado, haciendo que su calidad de vida disminuya. Puede ser difícil recuperarse de estar enfermo tanto física como mentalmente, pero con esta forma de meditación que crea un sistema inmune potenciado, es mucho más probable que pueda evitar todo el proceso.

¿Importa qué meditación de atención plena usas?

No, no importa qué tipo de técnica de meditación uses. Todas las formas de esta meditación están destinadas a centrar tu atención, y esto es lo que te ayudará a mejorar tu sistema inmunológico. Por supuesto, la atención plena de la respiración es uno de los ejercicios más fáciles para trabajar en su rutina diaria. Solo asegúrate de tener al menos diez minutos dedicados a estos ejercicios.

Existen diferentes variedades de estas prácticas que pueden implementarse para alcanzar el beneficio de un sistema inmunológico elevado, y ni siquiera importa dónde se practica. Puedes practicar en el autobús, en casa e incluso en la naturaleza. Agregar la naturaleza a su práctica de meditación de atención plena también ayudará, ya que la naturaleza también es conocida por ayudar a estimular el sistema inmunológico y también a mejorar su actitud general.

¿Tiene que hacerse en una rutina para lograr este beneficio?

Sí, para lograr este beneficio, necesitas hacer una rutina. Lo mejor es practicar una de estas técnicas al menos una vez al día por cualquier beneficio que tenga para ofrecer. Sin embargo, descubrirá que si trata de estimular su sistema inmunológico, todo lo que necesita hacer es practicar al menos una vez al día durante diez o quince minutos. Puede mejorar sus posibilidades de aumentar drásticamente su sistema inmune practicando en la naturaleza, en un lugar tranquilo o más de una vez al día. Solo recuerde que los efectos de un sistema inmune potenciado no se muestran inmediatamente, y solo porque no esté seguro de si está funcionando no significa que deba dejar de hacer sus prácticas. En cambio, sigue así, ya que puede tomar hasta ocho semanas para notar un efecto.

CAPITULO 3
EL SECRETO DE COMO ALCANZAR LA ESTABILIDAD EMOCIONAL

Su estabilidad emocional realmente se alimentará en muchos aspectos diferentes de su vida, sin importar si es espiritual, física o mental. Es importante que tengas estabilidad emocional, pero en realidad es difícil para muchas personas alcanzar un nivel de estabilidad emocional que les permita manejar casi cualquier situación de manera saludable. La atención plena también puede ayudarlo a alcanzar la estabilidad emocional, y es un beneficio fácil de alcanzar.

Entonces, ¿cómo la atención plena ayuda a la estabilidad emocional directamente?

Hay muchas razones por las cuales estas técnicas te ayudarán a lograr la estabilidad emocional y, una vez más, una de las razones es que te ayudará a reducir el estrés en tu vida. También te proporciona una rutina que puedes seguir, y durante estas meditaciones y prácticas, trabajas en la toma de tierra y te centras. Esto te permitirá observar tus emociones.

Al reconocer tus emociones sin tratar de negarlas, eres más capaz de aceptar tus emociones. Toda emoción debe ser aceptada, no importa si es justificable o no. No puedes dejar de sentir ciertas emociones si quieres ser emocionalmente estable, sino que debes asegurarte de que puedes filtrar tus emociones negativas, aceptarlas y cambiar tu perspectiva por algo un poco más positivo.

¿Cuáles son los beneficios de tener un estado emocional estable?

Hay muchos beneficios para estabilizar tus emociones, y uno de los mayores beneficios es que no tendrás que lidiar con la negatividad que te agobia. Cuando tienes un estado emocional estable, es mucho más probable que veas el mundo de una manera positiva. Podrá filtrar las emociones negativas y podrá manejar situaciones difíciles con un poco más de facilidad.

Incluso te ayudará en tiempos de ira, y te ayudará a perdonar a la gente. Puede que no quiera perdonar a las personas, pero tenga en cuenta que cuando tiene una naturaleza indulgente, es más probable que tenga menos estrés. Esto se debe a que cuando tienes rencor estás gastando tiempo y energía en personas que no lo merecen, pero estás libre de eso cuando perdonas a alguien.

¿Hay una meditación de atención plena que sea mejor para su estado emocional?

Sí, de hecho hay. Deberá practicar la atención plena de las emociones si desea obtener los mejores resultados al centrarse y estabilizar su estado emocional. La estabilidad emocional tiene muchos beneficios, pero puede ser difícil de lograr sin una orientación adecuada. La atención plena a la emoción es una excelente manera de guiarlo a través de sus emociones, aprendiendo a trabajar en uno a la vez.

Desde la aceptación hasta el cambio de perspectiva de tus emociones, la atención plena de las emociones puede ayudarte con todo. Con el tiempo, cuando lo practica regularmente, la práctica se convierte casi en una segunda naturaleza. Esta es la mayor estabilidad de su estado emocional, y significa que será más fácil de administrar y mantener.

¿Cómo practicas la atención plena de las emociones?

Al igual que todas estas formas de meditación, debes comenzar por relajarte y sentirte cómodo. Asegúrese de que no haya tensión en los hombros, así que asegúrese de estar en una posición cómoda y luego cierre los ojos. Necesitarás enfocarte internamente, así que no dejes que el mundo externo te distraiga. Trate de estar en un ambiente tranquilo y comience con ejercicios de respiración básicos. Cuente sus respiraciones de uno a diez. Asegúrate de inhalar por la nariz y salir por la boca, prestando atención a cómo se siente que esa respiración vaya desde las fosas nasales a los pulmones y vuelva a salir.

Una vez que finalmente centras tu atención, puedes dirigir tu atención a cualquier emoción fuerte que estés sintiendo en ese momento. Esto puede ser cualquier cosa, desde enojo hasta ansiedad y felicidad. Puedes usar emociones positivas y negativas. Elige una emoción que estés sintiendo o una fuerte que puedas levantar. Extraiga el recuerdo de lo que causó esa emoción para que pueda conectarse de verdad, dejándola pasar por encima de usted.

Mantenga los ojos cerrados y enfóquese en esa emoción, tratando de recordar todo lo que lo condujo, incluidos los sentidos que pueda recordar. Imagina la situación, recorriendo todo de nuevo. Sentirás una sensación en tu cuerpo y dejarás que el pensamiento entre en tu mente. No entretenga los pensamientos, y simplemente déjelos flotar, solo reconociéndolos. Pregúntese qué emoción siente y si hay más de una.

Intente mirar el evento de una manera curiosa, buscando ver qué causó que todo suceda. Esto te ayudará a evitar negar la emoción. Reconozca cualquier sensación física que esté ocurriendo, como si su corazón late con fuerza o si sus músculos se tensan. Esto te ayudará a ser más consciente, pero nunca juzgues la emoción. Recuerde que no debe sentirse culpable o estresado por esta emoción. Dígase que es natural, y cuando sienta que ha aceptado la emoción, querrá volver a concentrarse en la respiración. Entonces puedes abrir tus ojos.

¿Verás los efectos de practicar la atención plena de la emoción de inmediato?

Sí, comenzarás a sentirte más estable. Sin embargo, no alcanzarás la estabilidad emocional completa por un tiempo. Tendrá que seguir practicando, al menos una vez al día, para asegurarse de que no haya acumulación de emociones negativas. Las emociones negativas disminuyen la estabilidad de tu estado emocional, lo que a su vez te llevará a la depresión, el estrés, la ansiedad y episodios de ira o enojo.

¿Cuándo es el mejor momento para practicar este tipo de meditación para ayudar?

Puedes practicar la atención plena de la emoción en cualquier momento si deseas cultivar un estado emocional estable. Por supuesto, también querrá asegurarse de practicarlo regularmente y, al hacerlo, se recomienda al menos una vez al día. Si siente una emoción particularmente fuerte, puede elegir aceptar esa emoción y aprender de ella siempre que acepte la emoción. La atención plena de la emoción tiene la intención de ayudarlo a aceptar estas emociones y equilibrar su estado emocional en general.

CAPITULO 4
CONTROLA TUS EMOCIONES Y AYÚDATE A TI MISMA EN MOMENTOS DE IRA

La ira es algo que afecta a todos de vez en cuando, y usted necesita saber cómo manejarla adecuadamente si quiere vivir una vida sana. La ira afecta nuestro estado de ánimo general y puede provocar estrés y ansiedad innecesarios. Por supuesto, estas técnicas también pueden ayudarte con tus momentos de ira. Puede ayudarlo a alejarse de una situación frustrante y agotadora, pero también puede ayudarlo a alcanzar un tipo de estabilidad en su ser interior que le ayudará a ser menos propenso a enojarse con la misma facilidad en primer lugar.

¿No es la ira natural y no debería ser aceptada?

Sí, la ira es natural y necesita ser aceptada. Sin embargo, hay una diferencia entre aceptar tu ira y actuar en contra de tu enojo. Cuando estás en el momento, es más probable que actúes en tu enojo que lo aceptes. La ira tiene muchos efectos negativos en tu vida, y debes asegurarte de tratar de equilibrar estos efectos negativos.

La ira también puede afectar a tu familia, ya que te hace sentir peor, lo que te hace más propenso a arremeter contra los demás. Si te sientes deprimido o negativo, eso afectará a quienes te rodean también. Necesita sentirse más positivo si quiere positividad en su vida. La ira puede incluso afectar su salud, como la salud de su corazón.

Puede aumentar su riesgo de accidente cerebrovascular, ataque cardíaco y presión arterial alta. Lo mejor es alejarse de la ira siempre que sea posible, y nunca se debe detener en la ira. Puede ayudar tanto a limitar su enojo como a aceptarlo para que pueda seguir adelante con su vida.

¿Cómo te ayuda esta técnica en momentos de enojo?

Esta puede ser una pregunta difícil porque es difícil manejar la ira cuando estás en el momento. Sin embargo, hace un buen trabajo guiándote en el camino. El acto de ser consciente es estar consciente de su estado mental, físico, emocional y espiritual. Todo su ser se desequilibrará cuando esté enojado, y estas técnicas, incluida la meditación, están destinadas a ayudarlo a recuperar el equilibrio.

Esto no es diferente cuando se trata de enojo, pero el proceso es un poco más difícil de manejar. Practicar esta técnica antes de tratar de usarla para ayudar a tu enojo es lo mejor porque te ayudará a comprender el proceso y entrar en el estado de ánimo necesario incluso durante la ira, cuando te encuentres en un estado de angustia emocional.

¿Qué ejercicio puede practicar de inmediato si comienza a enojarse?

Querrá darse cuenta de la ira que está sintiendo, y necesita volverse hacia adentro para ver qué sensación física está atravesando. Haga que su mente esté al tanto de lo que su cuerpo está atravesando porque durante la ira es muy probable que separe su cuerpo y su mente para ayudarlo a sobrellevar la ira que siente. Puede notar sensaciones en su cara, pecho o incluso su estómago. Su frecuencia cardíaca o su respiración pueden aumentar y es probable que sus músculos se tensen. Asegúrese de observar todas las reacciones en su cuerpo.

Luego, debe recordarse a sí mismo que debe respirar, tal como lo haría durante la atención plena de la respiración. Inspire e imagine que la respiración va a donde siente estas sensaciones físicas, limpiando el área. Puede cerrar los ojos si lo hace más fácil, y para muchas personas lo hará. Comience a contar cada respiración que toma, y continúe contando hasta que llegue a diez. Imagina que cada vez que exhalas un poco más de ese enojo es liberado de tu cuerpo.

Manténgase con la sensación de respirar y las sensaciones que siente por la ira. Observe estas sensaciones a medida que aumentan o disminuyen, y aprenda a aceptarlas.

Luego, comenzará a girar más hacia adentro, permitiéndose notar sus pensamientos. Puede pensar que su situación no es justa, que tiene derecho a estar enojado, y que ya no tomará más. Cualquiera y todos los pensamientos que tenga no necesitan ser justificados. Solo necesitas aceptar estos pensamientos. Deja que pasen por tu mente, pero trata de no interactuar con estos pensamientos o acabarás pensando en ellos y en la ira que están causando.

Esto te ayudará a disipar la mayor parte de tu enojo. Una vez que sienta que disminuye su enojo, podrá ver exactamente lo que está haciendo en la situación, incluso si aún no está claro qué debe hacer a continuación. Con la mayor parte de la ira fuera de su sistema, puede buscar una solución y comunicarse un poco mejor. Recuerde ser honesto y lidiar con su enojo cada vez que ocurra.

¿Es necesario hacer esto de forma regular?

Puedes practicar cualquiera de estas técnicas de forma regular, pero eso no significa que tengas que practicar la técnica todos los días. Te ayudará si practicas la atención plena de la emoción todos los días porque te ayudará a aprender a aceptar tus emociones, incluida la ira, un poco más fácil. Esto te ayudará a controlar el enojo a medida que aumenta en el momento, así como a lidiar con los efectos secundarios del enojo mucho más fácilmente.

Deberá hacer que la práctica anterior sea una práctica por cada vez que se sienta enojado. Descubrirá que es mucho más fácil dejar ir la ira, e incluso será más fácil entender por qué está enojado y resolver el problema. Si no sabes por qué estás enojado o cómo resolver un problema, eso solo aumentará tu enojo y empeorará la situación.

CAPITULO 5
¿CÓMO FORTALECER LAS RELACIONES PERSONALES?

Uno de los mayores problemas en cualquier relación son los conflictos en los que estás obligado a entrar. Por supuesto, puede haber múltiples razones por las cuales sus relaciones personales están sufriendo, y hay muchos tipos diferentes de relaciones personales. Tienes que estar en un buen lugar mental, emocional y físicamente si deseas ser capaz de mantenerte en cualquier relación personal, y se sabe que esta práctica ayuda con esto. Le ayudará a equilibrarse, ayudándole a obtener una perspectiva más positiva e incrementar las interacciones positivas.

¿Cómo puede ayudarte con tus relaciones personales?

Descubrirá que esta práctica lo ayudará con cualquiera de sus relaciones personales por una multitud de razones, pero una de las razones principales es que lo ayudará a comprenderse a sí mismo un poco mejor. Mientras más tiempo pases durante estas prácticas de meditación, más podrás aprender sobre ti. Así es como ganas el autoconocimiento, que se tratará más a fondo en un capítulo posterior. Cuando comprenda un poco más acerca de usted mismo, tales como fallas, fortalezas e incluso problemas que aún no haya resuelto, podrá asegurarse de que no está sacando sus problemas a otras personas.

Es importante en una relación sana que maneje cada problema que tenga, entre usted y la otra persona o simplemente cualquier problema personal, de una manera madura y efectiva. No puede hacer esto a menos que pueda identificar el problema, lo que le ayudará con el autoconocimiento que puede proporcionar. Comprender estas técnicas también lo ayudará a soltar rencores, y esto se debe a que la atención plena puede ayudarlo a dejar ir tanto la ira que está causando cualquiera de sus problemas con otra persona como a ver el problema más claramente.

Si estás envuelto en el evento con los pensamientos y emociones que el evento provocó girando a tu alrededor, es mucho menos probable que veas el evento con claridad. Incluso puede ser culpable o al menos parcialmente culpable, pero con la visión nublada nunca lo sabrá. Se sabe que lo ayuda a lograr esta claridad permitiéndole experimentar y reconocer sus pensamientos y emociones sin tener que sumergirse en ellos.

Los pensamientos y las emociones siempre tienen que seguir su curso, pero si los alimentas, entonces provocará que más gasolina se incendie y que cada vez sea más difícil de apagar. Es más saludable ver las situaciones de frustración, enojo o simplemente situaciones tensas con mayor claridad cuando estás en una relación, ya que te ayudará a asegurarte de que no eches la culpa indebidamente ni actúes injustamente. Cuando eres más razonable, es más probable que la relación dure y se mantenga saludable.

¿Esta práctica te ayudará a perdonar a las personas en tu vida?

Sí, también puede ayudarte a perdonar a las personas. Una de las formas en que ayuda con el perdón es que te ayuda a comprender que las cosas suceden, y una vez que ves la situación claramente, es posible que puedas entender por qué las personas actuaron de la manera en que lo hicieron. También es más probable que veas el papel que has jugado en los eventos.

Incluso puedes usar esta práctica para perdonar a alguien alterando la atención plena de la emoción. Si necesitas perdonar en algún lugar, siempre hay una razón y generalmente está relacionada con la ira o alguna otra emoción negativa. Asegúrese de expresar esa emoción cuando está practicando la atención plena de la emoción. Asegúrate de observar el evento que hace que necesites perdonar a esa persona, pero cuando te concentras en los detalles necesitas concentrarte en esa persona.

Deja que todo lo que no sea esa persona y la ira que sientes hacia ellos se desvanezcan de tu mente. Tus pensamientos aún se desarrollarán sobre ellos, pero obsérvalos sin interactuar. Observe las emociones que miran la cara de esa persona, pero no alimente esas emociones ni interactúe con ellas. Luego, querrás hablar esta parte en tu cabeza, pero también puedes hablar en voz alta si crees que funcionará mejor.

Dite a ti mismo que perdonas a esa persona. Diles que ya no pueden hacerte daño. Que dejarás ir la ira. Puede que tenga que repetirlo algunas veces si realmente quiere que surta efecto. Ahora, concéntrese en su respiración mientras dirige ese mantra hacia adentro. Asegúrate de concentrarte en cualquier ira residual que sientes hacia ellos mientras inhalas y exhalas.

Con cada respiración, imagina esa ira dejando tu cuerpo, manteniendo tus ojos cerrados. Concéntrate en cómo la respiración viaja desde tus fosas nasales a tus pulmones, expandiendo tu pecho y dejando tus pulmones, eliminando la respiración y la ira de tu cuerpo a través de tu boca. Mantenga esto hasta que realmente sienta que le perdona a la persona, y luego puede abrir los ojos.

¿De qué otro modo la atención plena ayuda con las relaciones personales?

Te ayudará con tus relaciones personales porque te ayudará a estar en contacto y a equilibrarte. Con estas técnicas practicadas a diario, te sentirás más estable y más positivo. Estas técnicas están destinadas a ayudar a equilibrar su estado espiritual, mental, emocional y físico.

Te ayudará a estimular tu sistema inmunológico, aliviar el estrés e incluso eliminar la energía negativa. Si es más positivo y saludable, es más probable que reaccione de manera saludable a todo lo que sucede a su alrededor. Esa positividad también se extenderá a todo lo que lo rodea, incluidas sus relaciones personales. Esto permite que esas relaciones crezcan y florezcan.

¿Cómo se puede obtener este beneficio de la práctica de la atención plena?

Recuerde que viene con la rutina y se obtendrá con el tiempo. No verá una mejora inmediata en la forma en que reacciona con todos los que lo rodean. No lo verás mejorar tu vida amorosa inmediatamente, pero verás un aumento en la positividad inmediatamente a medida que se practiquen estas técnicas de meditación. Solo sea paciente, y podrá obtener este beneficio con el tiempo.

CAPITULO 6
GANA AUTOCONOCIMIENTO Y COMPRENSIÓN HACIENDO ESTO

La mayoría de las personas realmente no se conocen a sí mismas, quiénes son o qué es lo que realmente les ayuda. Esto es lo que se supone que el autoconocimiento te ayuda a ganar, y hay muchos beneficios para ganar el autoconocimiento. Usted puede comprender mejor sus propias acciones y reacciones, incluso las involuntarias, si realmente puede comprenderse a sí mismo. Puede ayudarlo a comprenderse a sí mismo, pero no es un proceso rápido para hacerlo. Siempre hay algo nuevo que puede aprender sobre quién es usted y por qué actúa de la manera en que lo hace.

¿Por qué necesitas ganar el autoconocimiento?

El autoconocimiento es algo que la mayoría de la gente no tiene, pero existen muchos beneficios al obtenerlo, como ser capaz de comprender sus propias emociones. Muchas personas simplemente sienten emociones sin entenderlas, y sí la atención plena de las emociones puede ayudarte. Sin embargo, la atención plena de la emoción tiene más que ver con ayudarlo a comprender cómo aceptar y superar las emociones pasadas. No será suficiente para ayudarlo a comprender completamente por qué está experimentando ciertas emociones. Hay muchas veces que las personas están confundidas por sí mismas.

Si se comprende a sí mismo, es mucho menos probable que se sienta frustrado en ciertas situaciones, y esto le ayudará a procesar las cosas más rápido, más fácil y de una manera más saludable. Es mucho menos probable que dependa de vicios como el alcohol, la negación o incluso las drogas. En cambio, podrá pasar las cosas de una manera saludable a medida que surjan, y también mejorará los mecanismos de afrontamiento.

También podrá entender por qué ciertos patrones en su vida siguen sucediendo, brindándole claridad. Necesita claridad para comprender cómo salir de la rutina en la que se encuentra, pero necesita claridad de sí mismo, que estas técnicas pueden proporcionar cuando se las practica de forma adecuada.

¿Cuál es la mejor práctica para ganar autoconocimiento?

Casi todas estas técnicas cuando se practican te ayudarán a obtener el autoconocimiento, pero la atención plena del pensamiento se practica con mayor frecuencia para este beneficio. Si está buscando iniciar una sesión de meditación consciente, debe saber que puede tomar un poco más de tiempo que otras técnicas. Esto se debe a que tiene que dar cuenta del tiempo que lleva observar muchos pensamientos para que pueda asimilar el proceso y las ideas en sí mismo para procesarlo más adelante. Una sesión de pensamiento consciente puede durar veinte minutos o más. Algunas personas tienen sesiones de diez minutos de duración, pero al menos quince minutos suelen ser las mejores.

Al igual que con cualquier otro de estos ejercicios, querrá comenzar en una posición cómoda con poca o ninguna distracción externa a su alrededor, para que pueda girar internamente. Comience con la atención plena de la respiración, y cuando se sienta cómodo de haber bloqueado el mundo externo, puede pasar a convertir su conciencia hacia adentro en lugar de la sensación física de la respiración.

Observe lo que le molesta o lo que está pensando. Puede que estés pensando que es pacífico, y eso también está bien. No interactúes con la idea, ya que esto puede ser perjudicial para el proceso. No quiere cambiar su forma de pensar o no podrá observarse adecuadamente. Permita que sus pensamientos vaguen, y no hay ninguna razón para reinarlos o ponerlos en una dirección determinada.

MEDITACION, CHAKRAS Y ESPIRITUALIDAD

No importa lo que ocurra, trate de mantenerse desconectado de sus pensamientos. No exasperes tus pensamientos, y no comentes tus pensamientos. No pretende ser una conversación contigo mismo. Trata de no juzgar tus propios pensamientos. No importa si tus pensamientos son crueles o incluso tristes. Necesitas dejarlos fluir libremente. Luego puedes reflexionar sobre lo que has aprendido sobre ti mismo, pero no debes hacerlo mientras estás tratando de observar.

Una vez que sientas que has observado tus pensamientos durante el tiempo suficiente porque sientes que tu mente intenta empujar tus pensamientos en una dirección particular, deberás finalizar la sesión. Regrese a la atención plena del ejercicio de respiración antes de abrir los ojos. Muchas personas consideran que es mejor sentarse allí por un momento, y otros encuentran que es útil anotar en qué querrían reflexionar porque hay tantas cosas que pasan por sus mentes. Otras personas encuentran que su mente todavía está relativamente tranquila, pero generalmente es importante anotar cualquier cosa que desee experimentar o comprender más.

¿Cómo te ayuda esto a ganarte el autoconocimiento?

Lo que has aprendido de ti mismo te ayudará a manejar todo lo que se te presente. Querrá asegurarse de que reflexione sobre todo si quiere obtener el autoconocimiento que busca. Es posible que no comprenda realmente cómo funciona su propio cerebro, pero al observar sus pensamientos, verá patrones en su pensamiento, y puede ayudarlo a ver la causa y el efecto de lo que está sucediendo en su vida y en su estado mental y emocional. Una vez que reconozca estos patrones, podrá cambiarlos o al menos aceptarlos, lo que también puede ayudarlo a cambiar sus mecanismos de adaptación. Esto puede ayudarte a mejorar tu vida en general.

¿Hay un mejor momento del día para practicar la atención plena del pensamiento?

No, no hay un momento particular del día en el que tenga que practicar la atención plena de los pensamientos para cosechar los beneficios que tiene para ofrecer. Sin embargo, muchas personas encuentran que es más fácil practicar la atención plena del pensamiento justo antes de acostarse o justo después de levantarse por la mañana. Si eliges practicar mindfulness of thought en la mañana antes de comenzar el día, es más probable que te sientas centrado y centrado durante el día. Esto también tendrá un impacto positivo en tu vida y en cómo interactúas con el mundo que te rodea, incluidas las personas que lo rodean.

CAPITULO 7
AUMENTA LA CONCENTRACIÓN GENERAL Y SÉ MÁS PRODUCTIVA

También puede ayudar a aumentar su concentración general, y esto puede ayudarlo en muchas facetas de su vida. La concentración lo ayudará a triunfar de muchas maneras diferentes, incluidos los negocios y la escuela. Si has aumentado la concentración, es más probable que te asegures de lograr todo lo que te pones a pensar. Esto se debe a que podrá poner más de su mente en todo lo que está haciendo, y es mucho menos probable que se distraiga con cosas simples.

No necesita tener ADD o ADHD para distraerse, pero incluso si lo hace, también puede ayudar con eso. Es un poco más difícil, y podría tomar un poco más de tiempo para ver algunos resultados si sufres de un trastorno real. Todos pueden usar un impulso de concentración, y con estas prácticas ese impulso puede ser fácil.

¿Cómo te ayuda el aumento de concentración a alcanzar el éxito?

Cuando aumenta su enfoque y concentración, como se indicó anteriormente, es mucho más probable que tenga éxito en cualquier cosa que trate de hacer. Cuando intenta aprender un nuevo pasatiempo, por ejemplo, encontrará que requiere concentración para obtener el conocimiento necesario. También requiere concentración practicar muchos pasatiempos, como trabajar la madera, trabajar la piel, hacer joyas, escribir o incluso bordar. No importa cuál sea tu hobby, pero si puedes concentrarte, saldrá mejor.

También descubrirá que podrá alcanzar los objetivos personales que establezca si puede concentrarse en sus actividades diarias. Esto se debe a que la procrastinación disminuye, ayudándote a lograr más, lo que a su vez te dará más tiempo libre. Más tiempo libre le ayudará a aumentar su positividad, que es algo con lo que estas técnicas ayudan en primer lugar.

Por ejemplo, si estás leyendo, encontrarás que la concentración te ayudará a leer un poco más rápido. Si lo intentas, descubrirás que si te centras en lo que estás escribiendo, probablemente también escribirás más rápido. Esto te ayudará a hacer tu trabajo más rápido y te ayudará a obtener el conocimiento para tu trabajo o algo más rápido.

Aún tendrá la capacidad de realizar múltiples tareas, y la concentración también ayudará con eso. Si puedes concentrarte en una actividad en particular, es más probable que puedas concentrarte en una variedad de actividades porque tu mente está entrenada para enfocarse.

¿Qué método de atención plena es mejor cuando intentas aumentar la concentración?

No hay ningún método en particular que te ayude con la concentración más que otros. En cambio, encontrará que casi todas estas técnicas lo ayudarán a concentrarse de forma natural. Aprenderá cómo bloquear el mundo externo, y esto significa que incluso podrá bloquear el mundo externo y esperar para lo que está trabajando. Esto se demuestra cuando estás usando mindfulness de la respiración, por ejemplo, y eso es porque te estás concentrando en la sensación física de la respiración.

Concentrarse en la sensación física es una forma de sumergirse en cualquier cosa que esté haciendo. Tomemos la escritura, por ejemplo, si puede sumergir su mente en la sensación de mecanografía, entonces es más probable que siga escribiendo sin distracciones. Podrás observar los pensamientos que te vienen a la mente mientras escribes, pero no tendrás que interactuar con ellos. En cambio, solo transcribirá los pensamientos que son relevantes tipeándolos, lo que le ayudará a tener éxito en lo que estaba tratando de escribir.

¿Hay otras formas en que la atención plena te ayude a concentrarte mejor?

Sí, te ayudará a concentrarte eliminando las tensiones internas de forma natural también. Cuando no estás establecido mental o emocionalmente, entonces no podrás concentrarte en nada de lo que estás haciendo físicamente. Tu mente ni siquiera será capaz de mantener un pensamiento la mayor parte del tiempo, ni menos actuar sobre algo que te lleve al éxito.

En cambio, necesitas calmar tu estado mental y emocional para que puedas alcanzar un punto estable que te permita trabajar. A menudo, te ayudará a hacer esto de forma natural, pero hay momentos en los que puedes utilizar una técnica para lograr esto inmediatamente, incluso si no estás establecido naturalmente. Simplemente tome una técnica, la que le parezca más aplicable, y úsela para calmar su estado mental y equilibrar sus energías.

Si realmente te sientes demasiado desequilibrado, practicar y practicar cualquiera de estos métodos de meditación en la naturaleza puede ser útil. La naturaleza es naturalmente calmante y puede actuar como un alivio del estrés. Recuerde que el estrés en realidad puede bloquear la concentración, al igual que la ansiedad y la depresión. Esta es la razón por la cual nunca debes permitir que tu estado emocional se acumule hasta que esté fuera de control. Maneje todo lo que le llegue, y encontrará que sus sesiones de atención plena pueden ser más cortas aunque sean un poco más frecuentes.

Esto los hace mucho más efectivos, ayudándolos a cosechar los beneficios de todo lo que esta práctica tiene para ofrecer. Puedes concentrarte en la atención plena de la respiración si quieres despejar tus pensamientos, o puedes utilizar la atención plena de la emoción si algo específico te molesta, pero la atención de la sensación física también puede ayudarte, que es donde haces inventario de todo lo que está afectando tu cuerpo, incluida la tensión y los dolores que sientes.

¿Ayuda si practicas esta técnica regularmente?

Al igual que si practicas la atención plena regularmente para cualquier otro beneficio que tenga para ofrecerte, descubrirás que practicarla regularmente también te ayudará a concentrarte. Será más y más fácil concentrarse cuanto más practiques, ya que tu mente es un músculo que puedes ejercitar. La concentración es una de esas cosas que requiere práctica, y su enfoque puede afinarse con el tiempo. Es por eso que puede ayudarlo a encontrar una solución permanente a los problemas de concentración y concentración, incluso si padece una afección médica como ADD o ADHD. Solo recuerda que puede tomar semanas notar la diferencia, pero algunas personas notarán la diferencia en días.

CAPITULO 8
ALCANZA TUS METAS DE PÉRDIDA DE PESO (SI ESO ES LO QUE QUIERES)

Todo el mundo tiene algunos objetivos de pérdida de peso de vez en cuando. Algunas personas quieren perder más peso que otras, y eso está bien. No importa cuánto o qué tan poco peso quiera perder, querrá usarlo para alcanzar sus objetivos de pérdida de peso. Hay muchas técnicas diferentes que puede usar para ayudarlo a alcanzar cada meta de pérdida de peso que tenía en el tiempo que deseaba.

¿Cómo te ayuda la atención plena con tus objetivos de pérdida de peso?

Se sabe que reduce el estrés, lo que te ayudará a perder peso. Cuando estás menos estresado, es menos probable que estés ansioso o deprimido. La ansiedad o la depresión también pueden conducir al aumento de peso, pero incluso si ya estás ansioso o deprimido, estas técnicas te ayudarán con eso. Necesita centrarse, y luego podrá ayudar a mejorar su estado de ánimo general y los niveles de energía. Cuando eres más positivo, tienes más energía en primer lugar.

¿Cuánto peso puede ayudar a perder la atención plena?

Puede ayudarlo a alcanzar todos sus objetivos de pérdida de peso, y es excelente para ayudarlo a mantener el peso que desea también. Las técnicas básicas pueden ayudarlo a mantener su peso porque reduce el estrés. Se ha comprobado que el estrés empeora el aumento de peso y el autocontrol, lo que conducirá a una alimentación sin sentido que también te hará subir de peso. Habrá un punto en el que la pérdida de peso disminuirá y parecerá que se estabilizará cuando use cualquiera de estas técnicas para ayudarlo a perder peso, pero si es paciente podrá pasar de largo para perder más peso. siempre que lo practiques con un estilo de vida saludable también.

¿Qué práctica de mindfulness es la mejor para ayudarlo a perder peso?

La atención plena de las prácticas alimentarias es lo mejor para ayudarlo a perder peso. Muchas personas no son conscientes de cuánto comen, y muchas personas se sientan y comen una bolsa de patatas sin darse cuenta exactamente de lo que han hecho y cuántas calorías han consumido. Esta es una de las principales razones por las cuales las personas tienden a aumentar de peso. La atención plena de comer le ayudará a disfrutar de su comida mientras aún se asegura de que todo lo que come esté controlado por porciones, incluso los alimentos nocivos.

Mindfulness de comer es el acto de comer con tus cinco sentidos. Tome un pequeño bocado de comida y llévelo consigo, sentándose cómodamente. A continuación, querrás apagar cualquier distracción. Asegúrate de desconectar del mundo externo, y la atención plena de la respiración suele ser la mejor manera de centrarte para no distraerte. Luego comienza oliendo tu comida. Disfruta el aroma de cómo huele la comida. Concéntrese en cómo se siente la comida con los dedos o cuando se la coloca en los labios. Mira la comida y toma nota de lo apetecible que te parece la comida. Si hay sonido, intente apreciar que suena como si se estuviera arrugando una bolsa, y luego, una vez que haya apreciado la comida, tome un pequeño bocado.

No importa cuán pequeña sea la pieza de comida, intente hacer al menos dos bocados. Saborea la comida, mastica lentamente. Coma solo algunos bocados a la vez, y debería sentirse más satisfecho que si estuviera comiendo sin pensar. Concéntrate en cómo el sabor permanece en tu lengua mientras haces la transición de vuelta a la respira-

MEDITACION, CHAKRAS Y ESPIRITUALIDAD

ción, y luego abre los ojos para volver sobre tu día. Si practica la atención plena de la alimentación, es mucho menos probable que coma sin pensar para ganar peso y disfrute un poco más de la comida.

Entonces, ¿necesita usar una dieta adecuada y ejercicio, o es la atención suficiente?

Es una excelente manera de comenzar con sus objetivos de pérdida de peso, pero no es suficiente para ayudarlo a perder todo el peso que desea. Puede perder algunas libras con esta técnica por sí mismo, pero nunca perderá mucho sin la dieta y el ejercicio adecuados. Recuerde que el ejercicio le ayudará a aumentar su metabolismo, haciendo que todos sus esfuerzos de pérdida de peso sean mucho más efectivos. Queme las calorías que consume, incluso cuando usa la atención plena de las prácticas de alimentación. Una dieta adecuada también es necesaria porque no perderá peso si está comiendo alimentos que son malos para usted, e incluso si lo hace reduciendo la cantidad que consume, no será la pérdida de peso sostenible por sí mismo. .

¿Ve los resultados rápidamente o toma un tiempo intentar perder peso con atención plena?

Lamentablemente, la pérdida de peso real llevará tiempo, al igual que cualquier otro método de pérdida de peso. Sin embargo, debes notar que te sientes mucho más satisfecho después de usar la atención plena de la comida, y es más probable que también aprecies un poco más tu comida. Esto significa que no tendrá que comer tanto como para sentirse satisfecho. Incluso te darás cuenta cuando estés lleno un poco más fácil, lo que te ayudará a dejar de comer cuando estés lleno en lugar de continuar comiendo porque no te estás dando tiempo para sentir completamente los efectos de la comida en tu estómago. .

Si comes demasiado rápido, está demostrado que es muy probable que comas demasiado. Puede practicar la atención plena de comer en cualquier momento que desee, y algunas personas incluso practican una versión en cada comida. Solo asegúrate de no comer con distracción porque te sacará de tu ejercicio y anulará los efectos positivos que obtendrías de él.

Es por eso que comer en una habitación solo o al menos en una mesa sin distracciones, como la televisión o la computadora, generalmente se recomienda cuando estás tratando de perder peso. No importa si se ejercita antes de la atención plena de la alimentación, pero muchas personas aún prefieren hacer ejercicio después para poder quemar las calorías. La positividad también tenderá a darle más energía para su rutina de ejercicios.

CAPITULO 9
EL DORMIR Y EL SOÑAR

Todo el mundo sabe que dormir es extremadamente importante, y los sueños también son importantes. Te sentirás más positivo cuando duermas lo suficiente y tengas sueños positivos. Afortunadamente, si eres más positivo en general, los sueños positivos también serán naturales. Experimentar el ciclo de tus sueños te ayudará a sentirte más descansado por la noche, siempre y cuando sean sueños positivos, y la cantidad de sueño que consigas afectará cada faceta de tu vida. Si está demasiado cansado, es mucho más probable que tenga un mal desempeño en el trabajo, la escuela o incluso en eventos sociales. La negatividad puede retener su energía si no está durmiendo lo suficiente, y no dormir también puede llevar a una variedad de problemas médicos.

¿Cuál es la importancia de dormir y soñar?

Como se mencionó anteriormente, uno de los principales beneficios de dormir lo suficiente y soñar durante el mismo es que podrá actuar de manera más positiva y ver el mundo de una manera más positiva. Un mejor sueño también ayudará a aliviar el dolor crónico, mejorar la salud del corazón y ayudar a disuadir problemas serios de salud como ataques cardíacos, obesidad y diabetes. Si está durmiendo lo suficiente, es menos probable que se lesione, y esto se debe a que la falta de sueño puede causar muchos desastres, incluidos los accidentes automovilísticos.

Aumentará tu estado de ánimo general y tu positividad, lo que te ayudará a ser más productivo y a alcanzar los objetivos que propongas, y te ayudará a mantener tu peso bajo control. El sueño y los buenos sueños disminuyen el estrés, que también es necesario para las interacciones positivas. También puede tomar mejores decisiones cuando duerme porque tiene una cabeza más clara, y es conocido por ser menos irracional. Sin mencionar que puede mejorar tu sistema inmunológico y tu memoria.

¿Cómo ayuda tu sueño y tus sueños?

Quizás te estés preguntando cómo esta forma de meditación te ayudará a soñar mejor y mejorar el sueño en general, y una de las formas principales es que elimina todo lo que te estresa hasta el punto de que no puedes dormir. Con estas prácticas, aprenderá cómo eliminar estos factores de estrés internamente, e incluso puede ayudar a aliviar sus dolores. Por ejemplo, una de las principales razones por las cuales las personas tienen problemas para dormir es que el problema al que se enfrentan es estresarlas.

También se sabe que te ayuda con la claridad, y querrás probar la respiración consciente para relajarte también. La claridad que obtienes de estas prácticas te ayudará a poner tus problemas en perspectiva. Por supuesto, también encontrará que hay una relajación muscular progresiva que puede usar cuando usa estas técnicas, y que también lo ayudará a conciliar el sueño, ya que los dolores y los dolores pueden mantenerlo despierto.

Si te sientes enojado con una persona en particular, también puedes utilizar la atención plena de las emociones para ayudar. La versión de mindfulness que ayuda con el perdón también es mejor si intentas hacerte perdonar a alguien para que deje de afectar tu sueño y tus sueños. Si tiene demasiadas pesadillas, por lo general se recomienda prestar atención a la respiración antes de acostarse por razones de ansiedad.

¿Cuál es el mejor ejercicio para ayudarte a dormir?

Como se indicó anteriormente, la atención plena de la respiración y la atención plena de las emociones también te ayudarán a dormir. Sin embargo, descubrirá que la atención plena de la sensación física es extremadamente útil cuando intenta dormir. Necesitarás al menos quince minutos para hacerlo, pero el proceso es bastante fácil. Simplemente comience cerrando los ojos después de haber encontrado una posición cómoda para sentarse o tumbarse.

Enfoque toda su atención en la atención plena de la respiración al principio, y experimente la respiración. Debes sentirte cabalgando cada una de tus respiraciones como si estuvieras montando olas, y presta atención a cómo se mueve a través de tu cuerpo. Después, querrás cambiar tu conciencia a la sensación de estar sentado. Preste mucha atención a cómo se siente sentarse contra la silla. Observe todas las partes que están en contacto con la silla. Intenta sumergirte en ese sentimiento y permítete existir en ese momento.

Luego, comienza a hacer un balance de tu cuerpo y permítete expandir tu conciencia hacia tu cuerpo como un todo. Reconozca si hay una brisa en sus brazos, si siente frío o incluso si siente dolores o dolores en su cuerpo. Observe si está experimentando sed o hambre. Asegúrese de hacer un balance de todas las sensaciones físicas que siente.

Recuerde que nunca debe juzgar ninguna experiencia, al igual que no juzgaría ninguna emoción. Tampoco quieres etiquetar ninguna sensación porque esto te sacará de tu conciencia física y no deberías buscar una sensación. No se pregunte si tiene hambre, sino simplemente téngalo en cuenta si lo nota cuando expande su conciencia.

Permítete sentir todo eso, y una vez que sientas que te has sumergido por completo en la sensación física por un momento, trata de volver a centrar tu atención en cómo se siente que tu cuerpo haga contacto con la silla. Luego, cámbialo a cómo se siente al respirar. Permítete sentir eso una vez más por unos momentos antes de abrir los ojos.

¿Hay un mejor momento para practicar la atención plena de la sensación física para mejorar tu sueño y tus sueños?

Sí, el mejor momento para practicar la atención plena de la sensación física es justo antes de ir a la cama. Esto te ayudará a relajarte justo antes de acostarte, y te ayudará a liberar cualquier tensión que puedas tener. Esto debería permitirle quedarse dormido sin que nada moleste su mente, consciente o inconscientemente. Por supuesto, también se pueden realizar otros ejercicios durante todo el día y justo antes de acostarse para ayudarlo a dormir y a soñar mejor también.

CAPITULO 10
TEN SIEMPRE A MANO ESTOS CONSEJOS Y TRUCOS PARA AVANZAR MAS RÁPIDO

Todavía hay consejos y trucos para la atención plena que puedes aplicar si tienes problemas, ya que te ayudarán a facilitar el proceso y te ayudarán a comprender la atención plena como un todo. Una vez que haya dominado la atención plena de la respiración, todo lo demás debería ser un poco más natural, pero eso no lo hace natural.

Evita las Joyas:

Puede parecer extraño al principio, pero por lo general es mejor que evites las joyas si estás tratando de practicar cualquiera de estas técnicas conscientes. Esto es porque las joyas son una distracción. Es brillante si tiene los ojos abiertos, pesados, tintineos, y a veces puede pellizcar. Es más probable que te haga consciente y te mantenga al tanto del mundo físico que te rodea cuando tratas de llevar tus pensamientos a otro lugar para que puedas practicar una técnica. Puede quitar temporalmente estas joyas, pero es mejor si la distracción no está allí cuando comience.

Evite la ropa incómoda:

Debería evitarse la ropa incómoda por la misma razón por la que desearía evitar las joyas cuando intenta practicar cualquiera de estas técnicas. Esto se debe a que cualquiera de estas prácticas y técnicas requieren concentración en un aspecto específico de lo que estás sintiendo, experimentando o haciendo. No querrá distraerse con algo que lo pellizque, lo apriete demasiado o lo haga sentir sofocado. Los pantalones de yoga en realidad son recomendados, pero cualquier cosa en la que te sientas cómodo lo hará. Quite cosas como cinturones o zapatos incómodos antes de comenzar cualquier ejercicio o técnica.

Practica una técnica a la vez:

No trates de pasar a otras técnicas de atención plena a menos que realmente hayas dominado la atención plena de la respiración. La atención plena de la respiración es como su base que lo ayudará a desarrollar su conocimiento de la atención plena, lo que le ayudará a practicarlo correctamente. Luego puede pasar a otra técnica, pero nunca intente realmente aprender más de una a la vez. Finalmente, debe conocer todas las técnicas que desee, pero descubrirá que lleva tiempo si no desea abrumarse.

Intenta evitar la luz:

A menos que una técnica de atención requiera que vea algo, generalmente es mejor practicar en una habitación oscura. Esto se debe a que, incluso cuando tus ojos están cerrados, verás un tinte rojo en tus párpados cuando la luz intenta filtrarse. Es más fácil concentrarse internamente si no se distrae con la iluminación. Por supuesto, se recomiendan cortinas opacas.

Puedes practicar esta forma de meditación a la luz del sol, especialmente si quieres practicar al aire libre, pero no es recomendable si eres un principiante. Si quieres practicar al aire libre, intenta practicar en la sombra donde la iluminación que estás viendo detrás de tus ojos es menos probable que cambie debido a la cobertura de nubes u otras sombras que parpadean a través de la luz que se proyecta sobre ti.

Recuerde no juzgar:

Parte de ser consciente es vivir el momento sin juzgar el momento, y eso puede ser muy difícil de dominar. Está dentro de la naturaleza humana juzgar y etiquetar las cosas, incluidos nosotros mismos y lo que sentimos y experimentamos. Si realmente estás experimentando el presente, no te permites teñir la experiencia con tus juicios. Es por eso que debes tratar de no juzgar lo que estás sintiendo, especialmente si estás practicando la atención plena de pensamientos o emociones.

Juzgar puede arruinar todo. Luego puedes reflexionar sobre tu experiencia, y este es el momento que te permitirá etiquetar todo lo que quieras, pero aún así debes evitar etiquetar algo negativamente.

Deshacerse de la negatividad como viene:

Es más difícil ser consciente y positivo si dejas que la negatividad crezca dentro de ti o alrededor de ti. Esta es la razón por la que parte de ser consciente de éxito es hacerlo con regularidad. Si experimenta negatividad en sus emociones, se siente deprimido por alguna razón desconocida, tiene problemas para dormir, experimenta pesadillas o cualquier otra cosa que le esté causando negatividad, practique la atención plena para poder dejarlo ir. Dejarlo ir es importante, ya que te ayuda a reequilibrarte, lo que mejora tu positividad y reduce el estrés en tu vida en general.

No te frustres:

Debes tratar de no frustrarte, incluso si te está costando ser consciente. Esto se debe a que esta es una práctica de mediación que es difícil para muchas personas, y no se puede esperar ser natural. Experimentar la verdadera atención requerirá paciencia y práctica, por lo que debe tener tiempo para dedicarse a ella. No verá beneficios inmediatos, al menos no drásticos, pero experimentará estos beneficios si practica estos métodos con diligencia y éxito. Sin embargo, si te frustras, estás permitiendo que la negatividad y el estrés entren en tu ser y tu vida. Esto te impedirá ser consciente con éxito. Así que mantenlo y sé paciente.

Haga una rutina:

Es importante que intentes hacer una rutina a partir de cualquiera de estas prácticas. Esto te ayudará a abrocharse el cinturón y practicar como lo necesites para que tengas éxito. Por lo general, es mejor practicar la atención plena al menos una vez al día, y si, en primer lugar, dedica un tiempo a hacerlo, es más probable que se quede con ella. Esto le permitirá desarrollar la diligencia que necesita para disminuir su estrés y abrirse a los beneficios que son amigables para usted.

No hay ninguna hora del día para practicar mindfulness, pero intente hacerlo al menos por la mañana o por la noche. Estos son los dos momentos más exitosos para practicar la atención plena sin interrupción. Solo asegúrate de estar lo suficientemente despierto si eliges hacerlo por la mañana, ya que está destinado a relajarte lo suficiente para que puedas comenzar el día con un pie positivo. Lamentablemente, esto significa que corre el riesgo de quedarse dormido. Esta es la razón por la cual muchas personas eligen practicarlo por la noche, especialmente si tienen problemas para dormir.

SEGUNDO : EXPERIMIENTANDO EL CHAKRAS

Chakras

Aquí aprenderás Técnicas increíbles para emitir energía, aumentar el aura y equilibrar los chakras

CAPITULO 11
EL CHAKRAS Y PORQUE ES TAN IMPORTANTE EN TU VIDA

Antes de que puedas comenzar a comprender los beneficios de la meditación y el equilibrio de los chakras, necesitas saber qué es el chakra en realidad. Puede que sea un concepto difícil de entender para mucha gente, y lo primero que debes tener en cuenta es que hay tres puntos principales del chakras. La palabra chakra en realidad se traduce como una esfera y, a veces, se traduce en un disco, dependiendo de la fuente de esa traducción. Se lo suele representar como una bola giratoria de energía en cierta parte de su cuerpo, y se dice que corresponde a un punto particular en el cuerpo que generalmente corresponde a los nervios y órganos.

Los chakras principales se alinean en la columna vertebral, y van desde la base de la columna vertebral hasta la coronilla de la cabeza, y se supone que debes imaginarlos como energía giratoria. Es el punto que su mente o más bien su conciencia está destinada a encontrarse con el asunto, o más bien su cuerpo.

La energía invisible que es chakra a menudo se llama Prana, y se considera que es una parte de la fuerza vital del vial, y algunas personas piensan que es la fuerza de la vida en sí misma. Esta fuente de vida es lo que se cree que te mantiene saludable, vivo e incluso vibrante. Lo más importante, es que los chakras están destinados a mantenerte saludable si están abiertos, y es también importante usar los chakras a tu favor si deseas alcanzar el bienestar espiritual, mental y físico sin sacrificar nada.

¿Por qué es importante?:

Por qué corresponden a los centros nerviosos en tu cuerpo, y los siete chakras principales son un conjunto de nervios y órganos fundamentales, que corresponden a tu estado espiritual, estado psicológico e incluso a tu estado emocional. Se dice que la energía sigue moviéndose, y es por eso que es importante que tu chakra permanezca abierto, ya que siempre debe mantenerse fluidamente. Esto evitará que se bloquee porque el flujo de energía es lo que realmente te mantiene sano. Una vez que un punto de chakra está bloqueado, entonces estás fuera de equilibrio y esto puede traer algunos problemas de salud.

Puede causar problemas físicos, emocionales y mentales que afectarán tu mente y cuerpo. Eventualmente afectará tu ser espiritual, y tienes que desbloquear los chakras activamente en algún momento. Sin embargo, mantenerlo abierto es un desafío si no conoces tu chakra ni cómo hacerlo. Tomar conciencia de tu chakra es el primer paso para asegurarse de que estás utilizando tu chakra a tu favor. Es el primer paso para asegurarte de mantenerte saludable y poder tomar lo que sea que te depare la vida.

¿Qué puedes desbloquear Chakra?

Por supuesto, mantenerlo también significa que debes saber qué buscar para asegurarte de que no solo estás bloqueando y deteniendo tu chakra mientras tratas de mantenerte saludable. Una de las principales cosas que pueden afectar tu chakra son las emociones negativas. La parte triste es que ni siquiera tienen que ser tus emociones negativas. La negatividad de los demás puede afectarte y enfermarte también así que debes estar muy consciente de esto.

Debes tener cuidado con quién estás cerca si quieres mantenerte saludable, pero también debes asegurarte de que estás aportando y lidiando con tu propia angustia emocional y tus emociones negativas también. Tienes que hacerlo de manera saludable. Si lo encausas, seguramente bloqueará tus vías de chakra, afectando tus nervios, órganos, estado mental y emocional.

Cuando tratas de bloquear una parte de ti mismo, también estás bloqueando tu chakra. Muchas enfermedades también pueden bloquear tu chakra, y eso incluye cualquier enfermedad emocional y mental, incluida la ansiedad, la depresión y el estrés. Esta es una de las razones por las que la meditación es tan importante. Por supuesto, encontrará que el estrés es mucho más manejable si está cuidando activamente su chakra y su cuerpo en primer lugar. El estrés es una de las principales formas en que los pasajes de los chakras están bloqueados, pero puede ser de casi cualquier cosa, incluido un desequilibrio de energía en el que te estás quedando en ese momento o incluso cuando estás de paso.

La importancia del equilibrio y la meditación:

La importancia del equilibrio y la meditación para sus chakras se ve por la forma en que reduce los niveles de estrés y ansiedad. Puede ayudar a evitar trastornos mentales, incluida la depresión. Pone en equilibrio tu estado mental, emocional y físico, permitiéndole avanzar en su vida. También te ayuda a procesar el duelo y la angustia emocional mejor, ayudándote a trabajar bajo presión. Cuando equilibras tus chakras estarás más en paz con lo que venga en tu camino, y la meditación con chakras está destinada a ayudarte a procesar lo que te está sucediendo en el momento real en que está sucediendo o justo después.

La meditación Chakra también puede hacer que el equilibrio de los chakras sea innecesario. Pasar por alto los eventos negativos es importante en la vida de cualquier persona, pero es especialmente importante si te sientes enfermo o excesivamente emocional debido a esos eventos. La meditación regular ayudará, pero con la meditación de chakra, estás asegurando que tu concentración está en mantener tus puntos de energía abiertos para que puedas mantenerte con un cuerpo sano, una mentalidad y mantener tu lado emocional y espiritual en equilibrio.

CAPITULO 12
LOS PUNTOS DE CHAKRAS Y A LO QUE REALMENTE AFECTAN

Ya sabes que hay siete puntos principales de chakra en tu cuerpo, pero antes de que puedas avanzar equilibrándolos y pasando por la meditación guiada por chakras, debes entender cuáles son. Cada punto de chakra afecta a una determinada parte de tu cuerpo, y cuando está bloqueado, siempre debes saber qué va a afectar en tu vida y cómo el bloqueo y la falta de meditación de chakra te afectarán.

El primer chakra:

El primer chakra también se conoce como el chakra de raíz y está ubicado en la base de la columna vertebral. El símbolo de este chakra es el cuadrado, y se considera de color rojo. Se manifiesta como una conexión con la tierra, conocida por ser su estabilidad, su sentido de la tierra y su sensación de supervivencia. Está conectado a su sentido del olfato, los riñones, la vejiga, la columna vertebral, la próstata y las glándulas suprarrenales. Está destinado a albergar su auto preservación, confianza y deseo de estar en el mundo físico y experimentar lo que el mundo físico tiene para ofrecer.

A menudo se relaciona con el avión Marte y su gema para ayudarlo a equilibrar el coral. Si tu primer chakra está desequilibrado, entonces puedes volverte demasiado posesivo o temeroso, pero si tienes muy poca energía moviéndote a través de él te sentirás victimizado y sin conexión a tierra. El aspecto principal de este chakra es la inocencia en el mundo que llevas con él.

Si este chakra está bloqueado, entonces sentirás como si estuvieras atado por las personas con las que estás o por los alrededores. Puede que ni siquiera se dé cuenta de por qué se siente atado, o incluso puede carecer de sueños y una imaginación. Tendrá dificultades para adaptarse al cambio. Te sentirás frívolo, pero también tendrá repercusiones físicas. Notará que puede experimentar problemas de eliminación, su peso, su colon y problemas de huesos, pies y piernas.

El segundo chakra:

El segundo chakra se encuentra justo debajo de su ombligo y está representado por el color naranja. Tiene una media luna hacia arriba como su símbolo, y a menudo está representado por el elemento de agua. Afecta su capacidad de ser empático, sus relaciones, así como su sexualidad. También gobierna tu placer y bienestar, donde puedes deleitarte con tus emociones y procesarlas, afectando tu polaridad y capacidad de cambio.

Está conectado a sus áreas privadas, incluidos los órganos y las piernas reproductivos. Muchas personas usan la amatista para ayudarlos a equilibrarla, y está representada por el planeta Mercurio. Afecta su sentido del gusto y su tercer ojo. Si tienes demasiada energía moviéndose a través de este chakra, te hará ser lujurioso, adictivo y extremadamente controlador. Si dominas este chakra, puedes comprender mejor los sentimientos de los demás.

Si este chakra está bloqueado, notarás que sientes que no tienes energía y te sentirás distante de quienes te rodean. Su libido puede aumentar, y puede causar problemas en sus relaciones. Puede tener problemas en el sistema urinario, que incluyen, entre otros, infecciones de la vejiga y puede experimentar problemas con sus órganos reproductivos.

El Tercer Chakra:

El tercer chakra también se conoce como el chakra del plexo solar, y está justo encima de tu naval. Está representado por el color amarillo, y se considera que tiene el mantra Ram. Es un triángulo descendente y está representado por el elemento de fuego. Controla tu fuerza de voluntad, tu alegría y tu motivación. Afecta su autoestima e identificación de voluntad y dominio de la voluntad, incluido el poder de la luz y las relaciones. Produce energía cuando te expresas y deseas. Afecta el páncreas, el hígado, la vesícula biliar y el estómago. Está representado por Júpiter y esmeraldas. Incluso afecta tu sentido de la vista.

Si tienes demasiada energía en este chakra, te sentirás absorto en ti mismo, a menudo egocéntrico y eres demasiado ambicioso. Su deseo de tomar el control puede ser abrumador y comenzará a destruir sus relaciones. Sin embargo, tampoco quieres ser deficiente en este chakra. Si es así, sentirás que no vales nada y serás sensible. Sentirás que eres un mártir o que siempre te desagradan, incluso si eso no siempre es cierto. Sentirás que siempre hay algo que hacer, y puede ser muy abrumador. Sus emociones no refinadas están aquí, y con el chakra fuera de balance, su vida emocional también desaparecerá.

Cuando el chakra está bloqueado, sentirás que no tienes confianza. Te resultará difícil comprender o incluso aceptar tus deseos personales, lo que puede llevarte a la auto supresión en tu propia vida. Incluso puede hacerte sentir agotado físicamente, a menudo te sentirás avergonzado y puedes tener problemas digestivos. Puede causar alergias para actuar y progresar en la diabetes. La hipertensión y la fatiga también son síntomas comunes de bloqueo de este chakra.

El Cuarto Chakra:

El cuarto chakra está representado por el color verde, y encontrarás que está ubicado en el centro de tu pecho. También se puede representar con el color rosa, y se muestra con un triángulo hacia arriba y uno hacia abajo entrelazados. Está representado por el elemento del aire, y muestra tu corazón abierto, amor e incluso tu compasión. Aloja tu deseo de autoaceptación, y es importante para tu armonía interna y tu equilibrio emocional. Afecta el hígado, los pulmones, el corazón y el timo y la circulación sanguínea. Está representado por el rubí y el planeta Venus. Sin embargo, afecta su sentido del tacto.

Si tienes demasiada energía atravesando este punto de chakra, tendrás emociones inapropiadas en momentos inapropiados, sentirás que no tienes límites emocionales y probablemente te sentirás fuera de control. Si tienes muy poca energía atravesando este punto de chakra, te sentirás despiadado, tendrás dificultades con las emociones y, a menudo, te considerarás desalmado. Afecta su crecimiento espiritual y su sentido de amor y conexión.

Sin embargo, si está bloqueado, es más probable que se sienta solo, carezca de compasión y sea poco saludable y mantenga relaciones no saludables. A menudo tendrá problemas con su corazón y sus pulmones. La dolencia más común para seguir un bloqueo de chakra es el desarrollo de asma o el asma.

El Quinto Chakra:

El color azul representa este chakra y se puede encontrar en tu garganta. Por lo general, es azul claro, y es un círculo que tiene un triángulo invertido. Afecta su sentido del oído y mantiene su creatividad e intuición. También afecta tu autoexpresión, y afectará tu necesidad de escuchar y buscar la verdad. En cuanto a lo físico, afectará a su glándula tiroides, las orejas superiores, la vía digestiva, los brazos y los pulmones superiores. Está representado por el zafiro y el planeta Saturno.

Si tienes un exceso de energía en este chakra, a menudo se te considera crítico, y es mucho más probable que seas dañino en la forma en que hablas y controlas. Sin embargo, te hará un poco más voluntarioso a pesar de que a menudo viene con arrogancia. Sin embargo, tampoco ayuda tener muy poca energía atravesando este chakra, ya que puede interrumpir tu fe, no serás tan creativo, y crea niños silenciosos que carecen de la capacidad de expresarse.

No permita que este chakra se bloquee o le resultará difícil comunicar lo que está pensando, y le será difícil expresar la verdad o su creatividad. A menudo sentirás que tienes poco o ningún valor, y puedes comenzar a manipular a otros incluso sin saberlo, lo que puede arruinar tus relaciones. Físicamente puede causar problemas con su glándula tiroides, así como dolor en el hombro y problemas en el cuello.

El Sexto Chakra:

Esto se conoce como su chakra del tercer ojo, y está ubicado justo en su frente. Es un índigo, y tiene un triángulo descendente dentro de un círculo. Representa tu intuición y percepción, también relacionada con tu sexto sentido. Abrir tu tercer ojo significa que debes abrir tu sexto chakra. Afecta a la parte inferior del cerebro, a la columna e incluso a la glándula pituitaria. También puede afectar su nariz, orejas y su ojo izquierdo. Está representado por el diamante y el sol. Su sentido es literalmente tu sexto sentido.

No permita que demasiada energía fluya a través de este chakra, ya que puede causar dolores de cabeza y puede hacer que sea excesivamente analítico. Puede hacer que te sientas demasiado lejos de los demás, y ser deficiente puede causar la misma cantidad de problemas. Ser deficiente en la energía que fluye hará que tu mente se vuelva turbia y con frecuencia te engañarás.

Este chakra puede bloquearse fácilmente, y para muchas personas, el chakra del tercer ojo ya está bloqueado. Experimentará una falta de intuición e imaginación, pero también puede causar problemas con su visión o lógica. Los dolores de cabeza son uno de los principales problemas, incluidas las migrañas de forma regular, pero también pueden causar problemas de visión y pesadillas constantes.

El Séptimo Chakra:

El séptimo chakra también se conoce como Chakra de la Corona, y está ubicado en la coronilla de la cabeza, lo que quiere decir en la parte superior. La mayoría de las personas lo ve como el color violeta claro o blanco puro. Se manifiesta como una especie de luz, y te ayuda a conectarte con un poder superior, cualquiera que sea tu creencia, y tomar conciencia de la integración con el mundo de los vivos. Te ayuda a ser parte del todo, y muestra significado, inspiración, devoción, pureza y te mantiene viviendo en el mundo presente en lugar de quedarte atrapado en el pasado o quedarse atascado preocupándote por el futuro.

Con demasiada energía atravesando este chakra, te volverás extremadamente egoísta, generalmente sin intentarlo. A menudo, los líderes de grupo pueden tener demasiada energía atravesando su séptimo chakra y puede hacer que conviertan al grupo en una mala dirección. Sin embargo, si tiene muy poco, entonces sentirá que no tiene inspiración o le falta la motivación para continuar con las actividades cotidianas.

El bloqueo de este chakra puede causar enfermedades mentales, incluidos el trastorno bipolar y la depresión maníaca. A menudo caerás en el hábito de pensar que todo no tiene sentido, y es un problema común o aquellos que no parecen desbloquear su chakra de la corona.

También puede carecer de sentido común o tener los sentidos confundidos la mayor parte del tiempo.

Equilibrio ayudará:

Equilibrar y meditar van a ayudar, pero no puedes esperar evitar que todos estos chakras sean bloqueados. Incluso si no está bloqueado, puede tener deficiencias en el flujo de energía porque se está bloqueando. El objetivo del equilibrio de chakras y la meditación de chakras es evitar que ocurran bloqueos. El primer paso es reconocer que los síntomas de tus chakras se bloquean o son deficientes, y luego puedes continuar desde allí.

CAPITULO 13
BENEFICIOS ADICIONALES DEL EQUILIBRIO Y LA MEDITACIÓN

Con el balance de chakras y la meditación con chakras puede ayudar a mantener alejada la depresión y mantener su estado físico y mental sanos, pero va más allá de eso. El equilibrio y la meditación de Chakra es una forma de sanación profunda, y puede llegar hasta un nivel espiritual.

Más Positividad:

Cuando tus chakras están en equilibrio, te conviertes en una persona más positiva. Esto sucede porque te sientes físicamente mejor y más estable emocionalmente. Esto también conduce a la estabilidad mental, y sus procesos de pensamiento son más claros, y puede comprender un poco más sus propios comportamientos y los comportamientos de los demás. Te mantiene un poco más empático, y es más fácil ver el lado positivo o al menos racionalizar que las cosas no siempre van a ser como lo son, incluso si un determinado evento es malo.

Mejor sueño:

El sueño afecta mucho a tu cuerpo y a tu estado mental. Si no tiene sueño, es mucho más probable que sea víctima de depresión o enfermedad mental. Incluso puede causar estrés al compuesto, y eso puede provocar acné y otros problemas de salud, incluidas las úlceras estomacales. La falta de sueño interferirá con su proceso de pensamiento, lo que conducirá a malas decisiones y a verse atrapado en una espiral descendente de eventos o agitación emocional. Incluso puede reducir su sistema inmune, pero cuando sus chakras están en equilibrio o está practicando la meditación chakra, entonces es más probable que adquiera un mejor sueño. Esto se debe a que su estado emocional no se ve comprometido y su estrés se reduce.

Reducción de estrés:

Arriba, usted vio algunas maneras en que la reducción del estrés puede ayudar, ya que contribuye al pensamiento positivo y a un ciclo de sueño más positivo. Sin embargo, la reducción del estrés también ayuda a alejar las enfermedades mentales y la ansiedad. Puede manejar el estrés de otras maneras, pero se asegurará de mantener el estrés en general si está practicando el equilibrio y la meditación adecuados. Su estrés puede causar erupciones en la piel, que incluyen pero no se limitan al acné, y puede hacer que se sienta bloqueado mental y emocionalmente, lo que afecta cómo logra sus objetivos y si puede.

Aumento en la Pasión:

Muchas personas no se dan cuenta de que a sus vidas les falta pasión y, por lo general, solo se dan cuenta de que en el dormitorio no hay pasión. Sin embargo, los dos están entrelazados. Si no puedes encontrar la pasión en todo lo que haces, tu vida sexual y tu vida general bajarán en calidad. Por lo tanto, es importante encontrar una pasión por la vida y su vida cotidiana, que la meditación y el equilibrio de los chakras pueden ayudar. Te ayuda a sentirte castigado, lo que te ayudará a aumentar, eres apreciado de por vida y lo que tiene para ofrecerte. También ayuda a poner lo malo en perspectiva porque tienes una mente más clara para analizarlo, ayudándolo a mantener la forma eliminando cualquier pasión que puedas estar sintiendo, lo que le sucede a muchas personas.

Alcanzar tus metas se vuelve más fácil:

Esta es una de las mejores maneras de asegurarse de que viva una vida mejor a través de la meditación y el equilibrio de los chakras. Si usa la meditación y el equilibrio de chakra, todos los beneficios combinados le ayudarán a alcanzar sus objetivos un poco más fácilmente. Por ejemplo, cuando duerme mejor, tendrá un mejor rendimiento en todo lo que haga, incluso si es personal o está relacionado con el trabajo. Si estás menos estresado, es más probable que tengas relaciones más sanas, lo que te ayudará a trabajar en red y ajustarse a un cronograma puntual. No te sentirás tan bloqueado, y tu confianza se irá, lo que también afecta tu éxito.

❃ 14 ❃

CAPITULO 14
POR QUÉ EL CHAKRA ES IMPORTANTE PARA TU SALUD FÍSICA

No es solo mental o emocional. Tener los chakras equilibrados y practicar la meditación chakra también te ayudará físicamente. Cada punto de chakra se encuentra en un punto de tu cuerpo y se relaciona con órganos vitales que afectan tu salud. Si su chakra está desequilibrado, entonces esas partes del cuerpo son más propensas a sufrir físicamente, lo que causará enfermedad.

Erupciones en la piel:

No tendrás que preocuparte por el acné y las erupciones cutáneas tanto si tu chakra está en equilibrio y estás practicando la meditación chakra. Esto se debe a que una vez que está equilibrado, su sistema inmunológico se potencia y muchas erupciones en la piel también se ven afectadas por sus niveles de estrés. Puede notar que las erupciones cutáneas se aclararán, pero también obtendrá menos erupciones e irritaciones en la piel, incluidas, entre otras, las colmenas, cuando practique la meditación con chakra.

Hipertensión y / o presión arterial alta:

Esto también es algo que a menudo se ve afectado por el estrés, y es por eso que el equilibrio de los chakras y la meditación son tan útiles para garantizar que disminuyas la presión arterial alta de forma natural. Puede tomar tiempo, así que no espere resultados inmediatamente. Sin embargo, cuando tus chakras estén en equilibrio, encontrarás que es mucho más fácil controlar la situación o al menos aceptar cosas tal como son, lo que reducirá la ira que también contribuye a la presión arterial alta.

Controlando la diabetes:

No puede revertir la diabetes, pero puede controlarla y mejorar su calidad de vida. Si eres pre-diabético, puede ayudarte a convertirte en diabético, por lo que es importante practicar el equilibrio de los chakras y la meditación antes de que se convierta en un problema real. Sin embargo, te ayudará a controlar tu nivel de azúcar en la sangre. Recuerde que la diabetes comúnmente está bloqueada por su chakra del tercer ojo, y afectará su juicio sobre lo que es mejor para su cuerpo también. La diabetes también puede hacer que te sientas fuera de control con tu vida, pero al meditar en tu chakra del tercer ojo, ganas un poco más de control en tu vida, lo que también se verá reflejado en la salud de tu cuerpo.

Ayudando con el insomnio:

Si sufres de insomnio u otros trastornos del sueño, puede ser importante practicar meditación chakra o equilibrar aquí también. Generalmente, tu chakra raíz es lo que está afectando tu sueño, así que trata de concentrarte específicamente en tu chakra raíz cuando estés lidiando con algún problema relacionado con el sueño. El tercer chakra también afecta tu sueño, ya que te hará sentir que no estás durmiendo. Si estás tratando con tu cuarto chakra bloqueado, entonces no podrás dormir a pesar del agotamiento mental.

Sin embargo, se trata de reducir el estrés y poner a tierra su cuerpo. Cuando su cuerpo siente que está activo, sin fatigarse ni tener un sistema inmune más bajo, es más probable que ingrese a un ciclo de sueño saludable, incluido REM, que controla sus sueños. Si tiene problemas para soñar, concéntrese más en su chakra del tercer ojo, que trata tanto de problemas espirituales como subconscientes.

ADD y TDAH:

Incluso puede ayudar a enfocarse más en el equilibrio de los chakras y la meditación, que lo ayudará con ADD y ADHD. Las personas que sufren de estos problemas generalmente tienen su chakra del tercer ojo desequilibrado o completamente bloqueado. Esto puede hacer que te sientas menos centrado porque tu mente está nublada y demostrarás mucho menos sentido común. No te sentirás lo suficientemente estable como para sentarte y hacer cualquier cosa, lo que afecta tu sentido del pensamiento.

Tu chakra de la corona también puede empeorar el TDAH o el TDAH si estás fuera de balance o bloqueado. Esto se debe a que afectará la concentración directamente, e incluso puede causar dolores de cabeza que te distraerán. No se puede curar el TDA y el TDAH con la meditación y el equilibrio de los chakras, pero se puede aprender a vivir con ello sin dejar de ser positivo y aun así alcanzar sus objetivos.

Resfriado:

Realmente, sus chakras pueden ayudarlo a superar o evitar enfermarse con cualquier virus o error, ya que pueden ayudarlo a estimular su sistema inmunológico. Funciona equilibrando tu chakra raíz, pero funcionará manteniendo todos los chakras equilibrados mientras practicas la meditación saludable de chakra. Su reducción del estrés y su positividad afectarán su sistema inmunológico. Se ha demostrado que si sufre de estrés o depresión, su sistema inmune también se verá afectado. Esto lo dejará abierto a cualquier enfermedad que se encuentre en el área.

Fatiga:

La fatiga mental puede convertirse en fatiga física con bastante rapidez, y esta es la razón por la cual su tercer chakra, también conocido como su chakra naval, es importante. También te ayudará a combatir la fatiga física. No permita que nada se acumule en usted, y esto también puede volver a los problemas del ciclo de sueño, que también pueden ser curados por el chakra. El estrés que puede causar fatiga también puede ser curado por el chakra. Muchos de los problemas que causan fatiga pueden manejarse, lo que le ayudará a evitar la fatiga y sus efectos mediante la práctica de la meditación chakra de forma regular.

Obesidad:

La obesidad puede ser algo a lo que se contribuye mental, emocional y físicamente. La obesidad puede ser causada por comer en exceso o por trastornos de la alimentación, como los atracones debido a problemas mentales o emocionales. Estos pueden manejarse individualmente a través de diferentes chakras, incluyendo el chakra de la corona y el chakra raíz. Sin embargo, también puede ser de ayuda si estás equilibrando todos tus chakras y asegurándote de practicar la meditación chakra.

Esto se debe a que reducirá algunas de las dolencias, como problemas de tiroides o asma que pueden contribuir a la obesidad. También puede ayudar a evitar la ansiedad o la depresión, lo que también contribuirá. La obesidad puede ser causada por cuestiones de autoestima y la incapacidad para manejar las estructuras sociales, que se manejan al lidiar con su estado emocional y mental que puede verse directamente afectado por desequilibrios y bloqueos de chakras.

Hay un ciclo:

Todo puede volver a cómo nos sentimos acerca de nosotros mismos, y eso se debe a que nuestra mente, incluidas nuestras emociones, puede tener un impacto físico en nuestros cuerpos. Sin embargo, una enfermedad mental o física puede llevar a otra, como el estrés que conduce a un mal sueño y un mal sueño que provoca obesidad, presión arterial alta e incluso dolor de espalda por dar vueltas y vueltas. Cuando tus chakras estén en equilibrio o no estén bloqueados, podrás cuidarte por completo, lo que puede ayudar a curar estos problemas físicos.

CAPITULO 15
¿CÓMO COMENZAR LA MEDITACIÓN BÁSICA DEL CHAKRAS?

Ya sabes los beneficios, o al menos muchos de ellos, cuando se trata de la meditación chakra. Sin embargo, no llegarás a nada si no sabes cómo comenzar la meditación de chakra. Solo toma unos minutos de tu día, pero notarás resultados más rápidos y potentes si dedicas más tiempo a tus prácticas de meditación de chakra. También ayuda si lo emparejas con el ejercicio físico que se agrega en el día. Se sugiere agregar en Tai Chi, yoga o Pilates. Sin embargo, cualquier ejercicio ayudará.

Comenzando la meditación de Chakra:

La meditación Charka es fácil, y puedes hacerlo para cada chakra individualmente, o puedes hacer meditación de chakra como un todo. Así es como comienzas la meditación de chakra como un todo, y puedes refinarla desde allí. Con la meditación del chakra individualmente, a menudo dependerá de por qué estás tratando de abrir o desbloquear ese chakra en particular.

Paso 1:

Al igual que cualquier práctica de meditación, debe comenzar por ponerse en un ambiente cómodo, vestimenta y posición antes de comenzar. No se puede ser demasiado rígido, pero perder demasiado también es perjudicial para la meditación adecuada del chakra. Por lo general, es mejor si tu columna vertebral es recta, ya que alineará tus puntos de chakra. Recuerde no ponerse demasiado tenso o rígido en esta posición. Concéntrate en cada parte de ti mismo, desde los pies hasta la cabeza. Al hacer esto, deberías sentir que tu estrés se derrite. Ayudará a su cuerpo a relajarse cuando tenga en cuenta cada parte del mismo.

Paso 2:

Entonces necesitarás comenzar a cambiar tu enfoque a tu respiración, pero recuerda que no debes forzarlo. Tu respiración naturalmente se volverá profunda y constante, y tu mente comenzará a vagar. Es natural, pero aún necesita traer sus pensamientos, asegurándose de que se enfoque en cada vez que inhala y exhala. Intenta visualizar el aire que llega hasta tus pulmones y luego entra en tu torrente sanguíneo. Intenta imaginar tus músculos, células e incluso órganos absorbiendo los nutrientes que proporciona, y recuerda que esto es lo que te permite eliminar las toxinas. Deberías imaginar que cada vez que expulsas tu aliento estás expulsando esas toxinas.

Paso 3:

Vas a querer entonces cambiar tu enfoque a tu corazón de respiración. Visualícela latiendo y visualice la forma en que está destinada a poner su cuerpo en perfecta armonía. Debes unir todas tus partes, y debería mostrar armonía. Visualice que su aliento lo está manteniendo, y está manteniendo su corazón latiendo y su cuerpo entero. Aquí es donde puedes visualizar todo tu cuerpo como un organismo vivo que estás sosteniendo.

Etapa 4:

Tu voluntad tendrá que imaginar que hay energía vivificante que te llega con cada respiración que tomas. Imagina que está infundido con el aire, y puedes verlo como un color naranja amarillento. Visualícelo mientras se mueve a través de su cuerpo, infundiendo su propio aura, también conocida como su propia alma o fuerza vital. Debería imaginarse que está causando que su aura se fortalezca e incluso se ilumine. Imagine que lo hace de forma gradual y asegúrese de que no ocurra todo de una vez. Cada respiración debería hacerla más brillante y más fuerte.

Paso 5:

Ahora vas a querer concentrarte en tus chakras individuales para que puedas energizarlos. No empiezas con tu chakra de la coronilla, sino que debes asegurarte de concentrarte primero en tu chakra raíz, que está en la parte baja de tu espalda. Imagina que es una bola de energía que se arremolina en el sentido de las agujas del reloj. Cuando inhalas, debe hacer que el remolino sea más fuerte y más brillante, y necesitarás imaginar que hay energía que viene de la tierra. Es el mismo tipo de energía de vida que antes, y necesita ser agregado a ese chakra.

Paso 6:

Sube la escala del chakra, pasando de un chakra al siguiente, haciendo esto todas y cada una de las veces con cada chakra. Debes tomarte tu tiempo y no te preocupes si un chakra parece tardar más que el siguiente. Si un solo chakra toma más tiempo, entonces simplemente tienes más trabajo por hacer en ese chakra y nunca debes apresurarte. Trabajar desde abajo y subir siempre es lo mejor, y puedes causar más daño si lo haces de manera diferente o saltas. Cada chakra se alimenta con el siguiente y, para mantener el equilibrio, debes mantener el orden también.

Paso 7:

Visualiza todos tus chakras juntos ahora, y asegúrate de que cada respiración tenga aire y energía del mundo y de la tierra que viene a cada uno. Recuerda que tu aura debería ser brillante y necesitarás visualizar esto también, y también debería ser más clara.

Paso 8:

Comience a relajarse y abra los ojos. Tendrá que tomar un par de minutos y evaluar cómo se siente mental y físicamente. Tendrás que prestar atención a tus emociones también. Esto debería tomar hasta treinta minutos, pero puede tomar tan poco como quince.

Personalizándolo:

Cuando tratas de concentrarte en un chakra, vas a tomar este proceso como un todo y concentrar más tiempo en ese chakra o concentrarte únicamente en ese chakra. Lo mejor es hacerlo cuando lo estás usando junto con el equilibrio de chakras para obtener los mejores efectos. Sin embargo, no es necesario. Podrás desbloquear tu chakra usando la meditación de chakra, pero asegúrate de hacer tanto la meditación de chakra individual como la meditación de chakra completo, como se ve arriba. Creará una integridad física, mental y emocional que contribuirá a su salud y al éxito general en su vida personal y comercial.

CAPITULO 16
ESTAS SON LAS DIFERENTES FORMAS DE EQUILIBRAR TU CHAKRA

El equilibrio de Chakra es importante para su salud, y puede ser tan vital como la meditación de chakra. No importa cuándo decida equilibrar su chakra, pero hacerlo regularmente le ayudará más cuando se trata de mantenerse saludable. Por supuesto, asegúrese de prestar atención a las señales de advertencia de cuándo su chakra se está desequilibrando, ya que le ayudará a hacerlo un poco más fácil.

Hay algunas técnicas diferentes para asegurarse de equilibrar sus chakras correctamente, y puede tratar de equilibrar todos sus chakras o un solo chakra si sabe cuál equilibrar. Si no lo hace, entonces concéntrese en asegurarse de que todos sus chakras estén equilibrados para que pueda alcanzar una salud óptima.

Afirmación:

Una de las maneras más fáciles de equilibrar tus chakras es la afirmación, pero no funcionará si tus chakras ya están demasiado fuera de balance. Te ayudará a mantener tu chakra equilibrado en general si lo practicas regularmente, pero tienes que hacerlo todos los días y debes hacerlo para todos y cada uno de los siete chakras. No puedes hacerlo para todos a la vez. Encontrarás las afirmaciones que necesitarás repetir a ti mismo a continuación, y por lo general es mejor que lo hagas frente a un espejo, pero debes hacerlo al menos dos veces al día. Se sugiere que lo haga una vez cuando se despierte y una vez antes de irse a la cama.

El Chakra de la raíz:

El mantra más básico para su chakra raíz es "Yo soy", y puede usar esto como su afirmación, pero no es suficiente para la mayoría de las personas. A menudo, tendrás que reafirmar que eres hermosa física y mentalmente. "Soy bella", "Soy responsable de mi cuerpo", "Soy sensato y cómodo siendo yo" son las mejores afirmaciones que debemos repetir para equilibrar este chakra.

El Chakra Sacro:

Su segundo chakra, también conocido como el chakra sacro, a menudo se reafirma por su capacidad de sentir. Afirme diciendo "Estoy sano y mis sentimientos", "Mi vida es un milagro y puedo sentir", "Vivo y experimento el mundo de una manera sana y sin miedo", y "Me guía una persona más alta". poder".

El chakra del plexo solar:

También conocido como su tercer chakra, tendrá el mantra que tendrá con este chakra, pero hay afirmaciones comunes que puede usar. Pruebe "Acepto la energía divina que me rodea", "Acepto mi responsabilidad en esta vida", "Puedo ser equilibrado y comprensivo", "Cultivaré la espiritualidad y seguiré siendo creativo", y "Soy guiado y acepto un nivel superior". poder".

El chakra del corazón:

También conocido como tu cuarto chakra, tu mantra para el chakra del corazón es que amas. Las afirmaciones comunes son "Soy amado", "Actúo con amor en todo lo que hago", "Mi corazón está lleno de amor" y "No tengo ningún resentimiento en mí".

El Chakra de la Garganta:

También conocido como tu quinto chakra, con este chakra tendrás el mantra que hablas. Las afirmaciones comunes son "No hay voces que influyan en mi vida, además de un poder superior", "Estoy seguro de recibir su mensaje" y "No me afectarán otras voces que no sean las que quiero".

Chakra del tercer ojo:

Tu sexto chakra, también conocido como el chakra del tercer ojo, es seguido por el mantra que ves. Las afirmaciones comunes son "Creo en mi propia intuición", "Estoy abierto a lo divino" y "Estoy abierto a aceptar la guía de un poder superior".

El chakra de la corona:

Cuando se trata del chakra de la corona, hay muchos mantras que puede tomar. El más simple es repetirse a sí mismo que "sé" o "entiendo". Las afirmaciones comunes son "Estoy abierto a la comprensión", "Estoy abierto a la iluminación", y "Puedo y pensaré claramente antes de actuar".

Meditación de puesta a tierra

Esta es una forma simple de equilibrar tu chakra, y es muy similar a la meditación de chakra. Sin embargo, en lugar de concentrarte en tu totalidad, incluidos tus puntos de chakra, simplemente te concentrarás en tu aura o fuerza vital. No te concentrarás en tus chakras, y debes hacerlo en la naturaleza. Vete a sentarte en la misma posición que lo harías en meditación chakra, pero hazlo en un entorno natural, como un parque o junto a una corriente. Comience con ejercicios de respiración y, con cada respiración, imagine que su aura está creciendo y que las toxinas están abandonando su cuerpo, incluida, entre otras, la energía negativa.

Yoga:

El yoga es una forma de asegurarse de que estés relajado, pero como se dijo antes, también puede funcionar en combinación con cualquier meditación de equilibrio de chakras. Funciona mejor para el equilibrio del chakra raíz, pero es genial para ayudarte a equilibrar cualquiera de tus chakras. Cada pose ayuda a alinear tus chakras y te ayudará a estirar tu cuerpo y tu conciencia. Esto te permitirá estar más consciente de ti mismo mental y físicamente, y esto naturalmente puede funcionar para equilibrar y abrir tus chakras.

Usando Cristales:

Recuerda que cada uno de los chakras en realidad están conectados a un cristal o una piedra, y puedes usarlos para ayudarte a equilibrar tus chakras uno por uno. Una de las formas principales es meditar usando una o más de estas piedras, dependiendo de qué chakras estás tratando de equilibrar. En lugar de concentrarte en la energía que se está yendo y entrando en tu cuerpo, concéntrate en la piedra o cristal que se conecta con tu cuerpo y la energía que entra y sale de esa piedra. Esto te ayudará a balancear naturalmente tus chakras uno por uno.

Combinando estas técnicas:

No tiene que preocuparse por equilibrar sus chakras porque no puede. Si tu chakra ya está equilibrado cuando tratas de equilibrarlo nuevamente, entonces solo fortalecerás ese chakra. No hay problema de que dañarás tu chakra. Si está preocupado, intente seguir con la meditación de cristal y piedra para ayudarlo con el equilibrio de su chakra, y puede usar todas las piedras a la vez acostándolas y colocándolas en los puntos correspondientes. De cualquier manera, también puede combinar técnicas de equilibrio para asegurarse de obtener los resultados que desea.

Cada técnica de equilibrio funcionará, pero algunas funcionarán mejor para ciertas personas porque están más inclinadas a ese tipo de equilibrio. Debería ser capaz de reconocer que algunos efectos de sus chakras se equilibran casi de inmediato porque después del balance de chakras, las personas a menudo sienten que se les quitó un peso de los hombros, y pueden sentirse menos fatigados, menos estresados o pueden sentirse somnolientos si no han podido dormir debido a la falta de equilibrio en sus chakras y en general a la fuerza de la energía.

CAPITULO 17
¿COMO PUEDE EL CHAKRAS AYUDARME CON MI SALUD MENTAL Y EMOCIONAL?

Recuerda que el equilibrio y la meditación de los chakras son más que solo físicos, pero también son mentales. Por supuesto, también es emocional. No debe olvidar los beneficios que este equilibrio y meditación puede tener en su estado emocional, lo que hará que se sienta mejor consigo mismo, con su situación y afecte su sistema inmunitario y su cuerpo físico en general.

Ayuda con el dolor:

Mucha gente no se da cuenta de lo mucho que están equilibrando sus chakras para ayudarlo a manejar el dolor un poco mejor. Puede ser una pena por una mala situación o procesar el dolor por la muerte de un ser querido. Hay muchas formas en que el chakra puede ayudarlo a procesar el duelo, pero su conexión con un poder superior o sentido de conexión es una de las principales formas en que puede ayudar. Le ayuda a procesar que todo haya sucedido por una razón en lugar de simplemente decirlo o escucharlo.

También te ayuda a liberar las emociones acumuladas o el estrés equilibrando tus chakras o usando la meditación chakra. Si está sufriendo dolor puede necesitar meditación de chakra adicional, especialmente para su tercer ojo y chakra de la corona. Sin embargo, también querrás concentrarte en tu chakra del corazón. Al lidiar con este duelo, también tendrá la ventaja adicional de poder mirarlo racionalmente y expresar sus emociones de una manera saludable, siempre y cuando sus chakras no estén desequilibrados o bloqueados. Este es un gran paso en el manejo del proceso de duelo.

Control de la ira:

La ira puede provocar hipertensión e incluso problemas cardíacos, por lo que es importante que aprendas a controlar la ira y también a la salud mental. La ira puede llevarlo a embotellar las cosas, y puede causar una interrupción en sus relaciones personales y laborales, así como causar problemas con la ley y las figuras de autoridad. El chakra del corazón es importante para mantener el equilibrio si estás buscando asegurarte de que no está afectando ninguna de tus otras emociones, pero el control de la ira generalmente se logra asegurándote de que todos tus chakras estén en equilibrio y estés meditando regularmente. Se recomienda usar yoga para equilibrar para este beneficio.

Trastornos depresivos:

La razón principal por la que estás en un estado depresivo es por lo general que sientes una falta de control en tu vida, tu estrés se acumula, tu sueño se ve afectado, o no puedes procesar tus emociones o sentir positivismo. Todos estos están relacionados con un punto de chakra, y puede ser ayudado fácilmente asegurándose de que está utilizando la meditación regular de chakra. No notará resultados inmediatos, pero notará resultados leves inmediatos al experimentar resultados a largo plazo. Para algunas personas, los resultados más grandes ocurrirán en tan solo una o dos semanas. La depresión es algo que puedes sanar, pero con toda curación, tomará tiempo.

Algunas personas notarán que la fatiga provocada por el estrés mental se elimina de inmediato, y sus niveles de energía también pueden aumentar debido a esto. El ejercicio es otra forma saludable de ayudarlo a deshacerse de su depresión, y con sus chakras en equilibrio resultando en niveles de energía más altos, porque usted está viviendo en una frecuencia más alta, el ejercicio se convierte en una solución mucho más posible.

Relaciones saludables:

Tener una relación saludable aumentará tu calidad de vida, algo en lo que la mayoría de la gente no piensa. Una relación sana no siempre tiene que ser con el sexo opuesto. Una relación sana puede referirse a la relación entre hermanos, padres o incluso solo amigos. Debes tener conexiones saludables con las personas que te rodean si quieres tener una mejor calidad de vida, y eso se debe a que de lo contrario la energía negativa comenzará a bloquear tus chakras.

Su chakra raíz tendrá que estar equilibrado para asegurarse de que confíe y se sienta estable con los que lo rodean, y si no lo es, sentirá desconfianza hacia personas confiables, lo que dañará las relaciones. Su chakra sacro tendrá que equilibrarse y meditarse si tiene alguna relación sexual, ya que le ayudará a mantenerse sexualmente sano mental y físicamente. También te ayudará a aceptar nuevas situaciones a medida que aparezcan en tus relaciones sin ser demasiado rígido para cambiar.

Si tu chakra del plexo solar está sano, entonces tu confianza y tus sentimientos serán estables, y no atacarás a aquellos en tus relaciones, y tu chakra del corazón debe estar despejado para que sientas las emociones apropiadas en tus relaciones y te des cuenta de eso. eres amado en primer lugar. Sin que tu chakra de la garganta esté en equilibrio o meditado con frecuencia, entonces no podrás comunicarte con quienes amas, y puede causar problemas por la falta de comunicación y la falta de comunicación de la verdad. Su tercer chakra del ojo tiene que estar en equilibrio si desea pasar los argumentos y concentrarse en el panorama general. Su chakra de la corona será necesario para pensar con claridad, incluso en momentos de ira, para no quemar puentes que impliquen su relación con las personas.

Estabiliza Bipolar:

Bipolar es a la vez mental y emocional, y es una condición difícil de vivir si estás tratando de asegurarte de que puedes manejar situaciones cotidianas. Aquí es donde sus chakras pueden ayudar una vez más. Su chakra de la corona es extremadamente importante en los problemas bipolares porque sus emociones pueden nublar fácilmente su juicio, empeorando su trastorno bipolar. Con el chakra de la corona en equilibrio, esto no es un gran problema. Su tercer ojo le permitirá ver la imagen más grande y escuchar su instinto sobre las emociones maníacas que está experimentando.

El chakra del corazón puede contribuir negativamente a su trastorno bipolar si está en exceso o es deficiente, por lo que tenerlo equilibrado también es importante. Sin la confianza que puede brindar el chakra del plexo solar, no podrás controlar tu bipolar porque faltará tu fuerza de voluntad y necesitarás el chakra raíz para la estabilidad que puede proporcionar para la base del manejo de tu problema.

Use una Huelga preventiva:

Puedes usar un ataque preventivo asegurándote de usar balance de chakras y meditación regularmente para asegurarte de que estás en armonía. Esto ayudará a evitar muchas de estas enfermedades mentales y emocionales incluso antes de que ocurran, y podrá ayudarlo a todos los demás que se crucen en su camino, incluso si no puede detenerlos por completo, porque hay menos para usted. desbloquear o reequilibrar No dejes que tus chakras se obstruyan en primer lugar y ya estarás experimentando los beneficios.

CAPITULO 18
MIS TÉCNICAS DE MEDITACIÓN CON CHAKRAS

Todavía hay muchas más técnicas de meditación que puedes usar, y cuando tratas de concentrarte en un chakra en particular, encontrarás que estas técnicas pueden ayudar un poco más. Es importante usar la técnica de meditación general para todos sus chakras como ya aprendió, pero no es la única meditación que puede hacer para asegurarse de que sus chakras permanezcan abiertos y sanos.

Su Chakra de la Raíz:

Para equilibrar y meditar en tu chakra raíz, vas a querer tener algo que represente tu chakra raíz, y no tiene que ser un cristal. Asegúrese de caminar descalzo, así que no use zapatos antes, después o durante su meditación, ya que le ayudará a conectarse con la energía que la tierra tiene para ofrecer. Comience la meditación como lo haría normalmente para la meditación de chakra, pero asegúrese de que tiene la quema de mirra, ya que se sabe que ayuda a abrir su chakra raíz.

Concéntrese en respirar en esa mirra mientras sostiene un cuarzo ahumado o piedra de sangre. Concéntrate en que la energía que te rodea sea purificada por la mirra ardiente, entra por la piedra que estás sosteniendo y luego ingresa en tu cuerpo. Cada vez que exhalas, concéntrate en todo lo negativo que sale de ti y en ser purificado por la mirra antes de regresar a ti después de haber sido filtrado a través de la piedra que estás usando. Esto debería tomar de quince a veinte minutos por sí mismo. Cuando se sienta más lleno de energía, simplemente abra los ojos y dé un pequeño paseo descalzo.

Tu chakra sacro:

Su punto sacra del chakra se representa a través del agua, y es mejor realizar esta meditación en el agua. Puedes tener los pies en el agua, o puedes estar en una piscina o baño para esta meditación. Sumérgete en el agua y luego sube, asegúrate de concentrarte en tu respiración mientras meditas. Concéntrate en el flujo del agua sobre ti y en cómo te hace sentir sin peso.

Imagina que el agua está absorbiendo la negatividad, la enfermedad y las toxinas generales que estás experimentando en tu vida, y luego imagina que cuando dejas el agua o te mueves dentro del agua, la dejas atrás. Recuerde contar su respiración e imagine que todas sus tensiones principales se reducen a medida que pasa el número. Cuando llegue a cero, dado que debe contar hacia atrás, vuelva a enfocarse en su respiración y luego abra los ojos.

Tu chakra del plexo solar:

Su chakra del plexo solar a menudo se asocia con el fuego, y es por eso que es mejor usar fuego en su meditación. Enciende velas a tu alrededor, y lo mejor es seguir con el color de este chakra que es amarillo. Con esta meditación chakra vas a comenzar con los ojos cerrados, pensando en el calor que contiene el fuego y llevándolo a tu cuerpo con cada respiración. Lo mejor es que tenga las velas encendidas formando un círculo a su alrededor y quédese quieto.

Concéntrate en el calor que te llena y quema cualquier enfermedad o negatividad, y una vez que te sientas tibio, puedes abrir los ojos y concentrarte en la llama de la vela que tienes delante. Una vez más, visualice que su respiración está afectando la llama. Luego, visualiza que tu corazón es el parpadeo de esa llama. Una vez que sienta que la llama lo ha limpiado, puede volver a centrarse en la respiración y finalizar la sesión.

Tu Chakra del Corazón:

El chakra del corazón está realmente asociado con el aire, por lo que es más difícil infundir este elemento con la meditación de su chakra. Sin embargo, también está conectado con tu amor hacia ti y hacia todos y todo lo que te rodea. Por lo tanto, ve a un lugar favorito. Debería ser uno que te haga sentir cómodo y deberías concentrarte en el color verde. Imagine que la luz verde le rodea cuando está meditando, y que comenzará su sesión de meditación con ejercicios de respiración, con los ojos cerrados y en una posición cómoda como cualquier otra.

Cuente cada respiración e imagine que la luz verde a su alrededor está creciendo. Cuando llegues a diez, imagina que es brillante y fuerte, empujando contra ti. Debería hacerse cada vez más grande y más fuerte, así que asegúrese de que no ocurra todo de una vez. Ahora, vas a seguir respirando pero contarás en la dirección opuesta. Con cada respiración que inhalas, imagina que estás inhalando esa energía verde y exhalando tus sentimientos y dudas negativos. Termine la sesión cuando llegue a cero.

Tu chakra de la garganta:

El chakra de la garganta está conectado al espíritu o al mundo etéreo y, por lo tanto, no tiene un elemento natural en el que puedas concentrarte. Sin embargo, está destinado a estar conectado a tu verdadera voz, permitiéndote recibir orientación de un poder superior mientras sigues aquello en lo que crees. Puedes agregar esto a tu meditación de chakra agregando un "om" cada vez que comiences tu meditación. .

Concéntrate en tu postura, pero recuerda no hacerlo rígido. Comienza a "om" a través de tu chakra, permitiendo que el mantra o sonido provenga de dentro de ti, y debería sonar profundo. Tendrá que concentrarse en la vibración y volverse uno con su yo interior cuando use esta técnica de meditación. Continúe la sesión hasta que se sienta aliviado de las presiones del mundo físico, y luego vuelva a enfocarse en su respiración, permitiendo que su voz se apague antes de abrir los ojos.

Su Chakra del Tercer Ojo:

Este chakra está conectado profundamente con tu intuición interna y tu sentido del pensamiento, y es por eso que tu concentración al tratar con esta meditación chakra está en observar tus pensamientos. Te ayudará a enfrentar los problemas y el estrés en tu vida, observándolos pasivamente y dejándolos ir antes de que nublen tu guía interna o la guía de un poder superior.

Comience su meditación como lo haría con toda su meditación de chakra, concentrándose en su respiración mientras se concentra en la sensación que proporciona en su cuerpo. Luego, querrás enfocar toda tu concentración internamente. Permita que el mundo físico se desvanezca, lo que puede hacerse más fácilmente si se siente cómodo con su ropa y su posición, así como con su entorno. Una vez que estás enfocado hacia adentro, deberías ser capaz de observar tus pensamientos.

No interactúes con los pensamientos que se crucen en tu mente, sino simplemente obsérvalos y déjalos pasar. No importa si tus emociones se ven afectadas por los recuerdos o pensamientos, deja que las emociones también vayan. Los pensamientos eventualmente se ralentizarán, y luego puedes permanecer en tu cabeza ganada por un tiempo antes de terminar la sesión.

Su Chakra de la Corona:

Tu chakra de la corona puede ser uno de los chakras más difíciles para realizar una meditación de chakra, pero es más que posible. Con esta meditación tienes que tener todo lo demás en equilibrio y desbloqueado o manipulado primero. De lo contrario, puede fallar en el uso de la meditación del chakra corona y cosechar los beneficios de la misma.

Con esta meditación, comienza normalmente con solo ejercicios de respiración y luego haz un balance de todo tu cuerpo. Piensa en todas las energías que ya están fluyendo hacia ti, desde tus emociones, tus dolencias, tu salud, tus relaciones e incluso el área que te rodea. Imagina que toda la energía negativa se filtra a tus pulmones mientras tomas lo bueno y lo malo.

Visualice que con cada respiración, lo malo se filtra y sus pulmones absorben la buena energía como lo harían con el oxígeno para nutrir su cuerpo. Una vez que te sientes más ligero, y después de un tiempo, puedes romper la meditación volviendo a centrar tu respiración y dejando que la energía que te rodea se desvanezca de tu visualización interna. Entonces, puedes abrir tus ojos.

CAPITULO 19
CONSEJOS INFALIBLES PARA EL UN MEJOR EQUILIBRIO Y MEDITACIÓN

Hay muchos beneficios para equilibrar y meditar en y con sus chakras, pero necesita descubrir cómo hacerlo mejor, y estos consejos ayudarán. Descubrirá que hay muchas maneras diferentes de mantener sus chakras abiertos y saludables, lo que facilitará la meditación.

Coma los alimentos adecuados primero:

La comida en realidad se correlaciona con tus chakras, y hay un alimento particular para cada chakra. Si estás tratando de equilibrar o meditar para un chakra en particular, primero querrás comer parte del alimento correspondiente, que funcionará en tu cuerpo mientras lo trabajas mediante la meditación y el equilibrio.

El Chakra de la raíz:

El chakra raíz está asociado con el color rojo, por lo que son alimentos rojos los que comerá al tratar de meditar o equilibrarse con ellos. Las remolachas, las especias, los pimientos rojos, los tomates e incluso las fresas son generalmente las mejores. Las fresas son geniales para comer antes de la meditación, pero para equilibrarlas, generalmente es mejor agregar una o más de estas comidas a diario.

El Chakra Sacro:

Debido a que este chakra está representado por el color naranja, comer naranjas en realidad puede ayudar. También tendrá el beneficio adicional de ayudar a su sistema inmunológico, lo que también ayudará a aumentar su sexualidad. Las zanahorias también se consideran mejores cuando intentas ayudar a este chakra.

El chakra del plexo solar:

Los alimentos amarillos son lo que vas a querer concentrar ya que el amarillo es el color de tu chakra del plexo solar. Los pimientos amarillos, como los pimientos, los plátanos y los plátanos, así como el maíz, son los mejores para comer. Los limones también ayudan, incluso si solo puedes obtener jugo de limón, pero el limón fresco siempre es lo mejor.

El chakra del corazón:

El verde es el color del chakra del corazón, y los alimentos verdes son los mejores para comer. Las verduras de hojas verdes como la espinaca, la col rizada, la col y la lechuga son generalmente las mejores, y también se recomiendan las manzanas verdes. Trate de tomar batidos verdes o té verde también.

El Chakra de la Garganta:

El azul es el color del chakra de la garganta, y beber agua extra realmente ayudará. Sin embargo, las infusiones de hierbas, especialmente el té de pasiflora, así como los jugos de frutas en general se consideran una ayuda para mantener este chakra desbloqueado.

El Chakra del Tercer Ojo:

Cuando trates de meditar o equilibrar tu tercer chakra del ojo, entonces querrás comer alimentos para el cerebro. Esto incluye nueces y pescado, y puede ser cualquier cosa que sea alta en ácidos grasos Omega-3.

El chakra de la corona:

Cuando se trata del chakra de la corona, el color asociado es el violeta y, por lo tanto, comer uvas y arándanos es lo mejor. También puedes comer berenjenas y pimientos morados.

Aceites esenciales para equilibrar y meditar:

Cuando intentas equilibrar o meditar en un chakra en particular, todos ellos también tienen su propio aceite esencial. A menudo, puedes utilizarlo como aromaterapia, y eso te ayudará a asegurarte de estar respirando una parte de lo que está asociado con el chakra mientras estás en una sesión de meditación o balanceo.

El Chakra de la raíz:

Pruebe el aceite de clavo de olor, el aceite de mirra o el aceite de cedro para su chakra raíz. Estos son esencias estables que provienen de la tierra.

El Chakra Sacro:

Lo mejor es probar el aceite esencial de azahar, el aceite esencial de ylang ylang o incluso el aceite esencial de sándalo. Incluso puedes ponerlos en un baño para empaparlos.

El chakra del plexo solar:

El aceite esencial de limón se usa principalmente, pero también puedes usar aceite esencial de manzanilla. Una vez más, se pueden agregar a un baño, pero generalmente es mejor si se queman.

El chakra del corazón:

Se usa aceite esencial de bergamota, pero encontrará que el aceite esencial de rosa se usa con más frecuencia. Puedes ver y sentir una conexión directa debido a la connotación emocional de la rosa.

El Chakra de la Garganta:

El aceite esencial de lavanda es el más fácil de obtener, y en realidad no es tan caro como los demás. Sin embargo, puedes usar aceite esencial de salvia y neroli.

El Chakra del Tercer Ojo:

Pruebe el aceite esencial de vetiver, albahaca o jazmín. Sin embargo, también se sabe que la albahaca y el romero ayudan. Para un aceite esencial más común, puede usar pachulí.

El chakra de la corona:

Es más difícil obtener los aceites esenciales que necesita para el chakra de la corona, pero son aceite esencial de olíbano o incienso.

Intenta reconocer los signos:

Trata de reconocer los signos de estar desequilibrado o tener chakra bloqueado, y entonces sabrás en qué chakra necesitas concentrarte cuando estés equilibrando o meditando. Puede cosechar muchos de los beneficios de salud simplemente meditando sobre su chakra o equilibrándolos regularmente. Intenta conectar tu estado emocional con tu chakra raíz, y sentirás más estabilidad, pero también es importante mantener el chakra del corazón despejado.

Ningún chakra es más importante que los demás, pero se volverán más importantes para ti dada la situación y cómo se pueden aplicar para ayudarte a manejarlo y procesar todo lo que sucede a tu alrededor. Al tener un chakra equilibrado y mediante la meditación de chakras, puedes manejar mejor tu estado físico, mental y emocional, a la vez que promueves la curación en las tres áreas, y te conectas a tu lado espiritual.

AGRADECIMIENTOS

A modo de concluir con este libro y agradecerte por tomarte el tiempo de leerlo, quería aclarar algunas cosas antes de culminar. Muchas personas han probado el ayuno intermitente, algunos con éxito otros con resultados moderados, pero todos con resultados en fin, lo importante es que tengas en mente que dos personas nunca van a responder de igual manera al proceso, es por esto que te recomiendo que siempre escuches a tu cuerpo, ve las señales que te envía, si te ves en una situación en la cual te sientes débil no solo en lo que respecta a tu cuerpo sino también anímicamente hablando, solo date un respiro, suspende por unos días y vuelve a comenzar, si vez que esto es recurrente solo cambia de método.

Pero bueno no se avanza en la vida solo hablando así que, está bueno que hayas tomado la decisión de comenzar con la meditación y el mindfulness. Comprar este libro fue el primer paso, pero en este momento quiero que te motives y tomas acción masiva hacia tu objetivo ya sea lograr un mejor bienestar interior, obtener paz, etc. El camino espiritual no es una caminata, es una carrera y debes llegar hacia el final y como toda carrera te tienes que preparar de a poco para llegar al final, no te lanzas de una a correr sin ninguna intención ni ningún objetivo en la cabeza.

Por ultimo quisiera pedirte que si encontraste en este libro una gran ayuda, me gustaría saber tus comentarios dejándome una review de este libro para poder mejorarlo y continuar brindando grandes libros a ustedes, mis lectores, a los cuales aprecio mucho.

Sin más, me despido

Un abrazo grande
María Palazzi

www.ingramcontent.com/pod-product-compliance
Lightning Source LLC
Chambersburg PA
CBHW021450070526
44577CB00002B/337